Arbeitsbuch
STATIONEN

Prisca Augustyn
Florida Atlantic University

Nikolaus Euba
University of California, Berkeley

THOMSON
HEINLE

Australia • Brazil • Canada • Mexico • Singapore • Spain • United Kingdom • United States

THOMSON

™

HEINLE

Stationen Arbeitsbuch
Prisca Augustyn / Nikolaus Euba

Editor-in-Chief: *P.J. Boardman*
Executive Editor: *Lara Semones*
Development Editor: *Harriet Dishman*
Assistant Editor: *Morgen Murphy*
Editorial Assistant: *Catharine Thomson*
Technology Project Manager: *Rachel Bairstow*
Senior Marketing Manager: *Lindsey Richardson*
Marketing Communications Manager: *Stacey Purviance*

Senior Content Project Manager: *Karen Stocz*
Senior Art Director: *Cate Rickard Barr*
Senior Print Buyer: *Elizabeth Donaghey*
Permissions Editor: *Timothy Sisler*
Production Service: *Stacey C. Sawyer, Sawyer & Williams, Inc.*
Compositor: *Pre-Press PMG*
Printer: *West Group*
Cover Image: © *Soeren Stache/dpa/Corbis*

Printed in the United States of America
1 2 3 4 5 6 7 11 10 09 08 07

10-Digit ISBN 1–4130–0882–8
13-Digit ISBN 978–1–4130–0882–1

Thomson Higher Education
25 Thomson Place
Boston, MA 02210–1202
USA

For more information about our products, contact us at:
Thomson Learning Academic Resource Center
1-800-423-0563

For permission to use material from this text or product,
submit a request online at **http://www.thomsonrights.com**
Any additional questions about permissions can be
submitted by e-mail to **thomsonrights @thomson.com**

Inhalt

Vorwort

Welcome to the *Arbeitsbuch* accompanying *Stationen – Kursbuch für die Mittelstufe,* an innovative intermediate program that combines engaging culture topics with authentic readings and contextualized grammar in a unifying context. Each *Station* revolves around a city or region in the German-speaking world, which provides an underlying concept for the program and at the same time invites you to explore and to make connections and comparisons among chapters, topics, and cultural issues. This *Arbeitsbuch* corresponds to the chapters of the main text and gives you ample opportunity to review and practice vocabulary and grammar through a broad variety of creative listening, speaking, reading, and writing exercises, embedded in culturally relevant and stimulating contexts. Each chapter of the *Arbeitsbuch* is divided into four main sections.

A. Wortschatz

The *Wortschatz* activities focus on the core vocabulary and *Redemittel* presented in each chapter of the main text. The *Mündliches* section features listening comprehension and speaking exercises that ask you to respond to a given prompt. In addition to improving listening-comprehension skills, they help you to practice pronunciation. The *Schriftliches* section contains a broad mixture of matching, fill-in-the-blank, and more open-ended exercises that will give you additional opportunities to practice the new vocabulary in interesting contexts.

B. Strukturen

Organized in the same way as the *Wortschatz* sections, the *Strukturen* sections feature listening, speaking, and writing activities. These activities focus on the grammar topics presented in each chapter of the main text, giving you a chance to review and practice what you have encountered in the classroom.

C. Lesen

The reading selections in the *Lesen* section expand on the cultural content of each chapter and introduce new information and concepts. The accompanying exercises focus on reading comprehension as well as on chapter-specific vocabulary and structures.

D. Schreiben

The *Schreiben* section consists of a carefully structured process essay. You are guided step by step on how to use specific structures and vocabulary to generate sentences, paragraphs, and coherent texts on topics pertaining to your own life and to the cultural content of each chapter.

You will find the answers to most written activities as well as the audio scripts in the Book Companion website at www.thomsonedu.com/german/stationen. For all speaking activities, you will hear a confirmation of the desired response after you have given your answer to the question or prompt. No answers are provided for exercises that require personalized responses.

Acknowledgments

The authors of the text would like to thank contributing author Joellyn Palomaki for her substantial contributions and her creative talent from which we have benefited enormously. We are equally grateful for the ideas, dedication, and hours of quality work that the following people have devoted to the publication of this book: Harriet Dishman, Lara Semones, Morgen Murphy, Karen Stocz, and Stacey Sawyer.

Station

Berlin 1

 Heinle iRadio
www.thomsonedu.com/german:
- gender and nouns
- the German case system
- individual cases; nominative case
- **werden** vs. **bekommen**
- pronunciation of **ch**-sounds

A. WORTSCHATZ

Mündliches

Hören

1	Station Berlin

CD 1: 1

Kreuzen Sie an, welche Wörter Sie hören.

❏ Mauer	❏ Veranstaltung
❏ Wahrzeichen	❏ Wiedervereinigung
❏ Zerstörung	❏ bedeutet
❏ Hauptstadt	❏ entscheidet
❏ Veränderung	❏ ständig
❏ Stadtbild	❏ einheitlich
❏ Umland	❏ Nationen
❏ Wohnort	❏ Ausländer
❏ Grünzone	❏ Wohnort

2	Aus der Geschichte Berlins

CD 1: 2

Hören Sie zu und kreuzen Sie an, ob die Aussagen richtig (R) oder falsch (F) sind. Verbessern Sie die falschen Aussagen.

		R	F
1.	1871 wird Berlin Reichshauptstadt.	❏	❏
2.	Die Nationalsozialisten gründen Bezirksversammlungen.	❏	❏
3.	Die alliierten Siegermächte sind die USA, Russland, Großbritannien und Spanien.	❏	❏
4.	1959 wird die Deutsche Demokratische Republik gegründet.	❏	❏
5.	1961 beginnt man, eine Grünzone zwischen West- und Ostberlin zu bauen.	❏	❏
6.	Am 9. November 1989 wird die Grenze wieder geöffnet.	❏	❏

Sprechen

3 Fragen über Berlin

CD 1:
3 Sie sind ein Reiseführer in Berlin und antworten den Touristen auf ihre Fragen.

> Sie hören: Was ist das Wahrzeichen Berlins?
>
> Sie lesen: das Brandenburger Tor
>
> Sie sagen: Das Brandenburger Tor ist das Wahrzeichen Berlins.
>
> Sie hören: Ach ja, das Brandenburger Tor ist das Wahrzeichen Berlins.

1. das Brandenburger Tor

2. die alliierten Siegermächte

3. im Umland von Berlin

4. die Mauer

5. die Zerstörung der Umwelt

4 Mehr Fragen über Berlin

CD 1:
4 Beantworten Sie auch die folgenden Fragen der Touristen.

1. fünf Museen

2. die Berliner Philharmoniker

3. drei Opernhäuser

4. der Fernsehturm am Alexanderplatz

5. in der Oranienburger Straße

6. 1936

Schriftliches

5 Einiges über die Stadt

Finden Sie die passende Ergänzung für jeden Satz und schreiben Sie den Buchstaben neben den Satzteil.

1. Die Bundeshauptstadt ist ein attraktiver Wohnort, _____ .

2. Seit dem Fall der Mauer ist Berlin _____ .

3. Das Stadtbild Berlins _____ .

4. In der Stadt wird ständig gebaut, _____ .

5. Viele Ausländer suchen eine Stelle in Berlin, _____ .

6. Die Trennung der Stadt durch die Berliner Mauer _____ .

7. Innerhalb der Stadt gibt es viele verschiedene Bezirke _____ .

a. war von den Berlinern unerwartet

b. ein Wahrzeichen der Wiedervereinigung

c. weil das Arbeitsangebot besser ist als in anderen Städten

d. aber es gibt immer noch viele Grünzonen

e. und Außerhalb der Stadt liegt das schöne Umland Brandenburg

f. weil die Mieten so billig sind

g. hat sich seit der Wende verändert

6 Die Geschichte der Loveparade

Ergänzen Sie die Sätze mit Wörtern aus der Liste.

demonstrierten • entschied • feiern • Frieden • Organisatoren • Umweltschützer • Veranstaltung • verdiente • Zerstörung

1. Eine kleine Gruppe von Techno-Fans versammelte sich in Berlin. Die 150 Leute _____ für Liebe, Toleranz und _____ .

2. Tausende junge Leute reisten nach Berlin, um zu Techno-Musik zu _____ .

3. Die _____ wurde weltberühmt, und die Stadt _____ viel Geld damit.

4. Durch die Loveparade gab es aber auch viel Müll und _____ im Park. Aber weil die Loveparade als „Demonstration" galt, bezahlte die Stadt die Kosten.

5. Die Situation ärgerte viele _____ und sie stellten die Frage: Ist die Loveparade wirklich eine politische Demonstration?

6. Der Berliner Senat _____ , dass die Loveparade keine Demonstration ist, und dass die _____ für das Aufräumen bezahlen müssen. 2004 und 2005 fiel die Loveparade aus, aber 2006 hatte sie ein Comeback.

B. STRUKTUREN

Mündliches

Hören

7 Die Berlinale (Nomen/Deklination)

 Hören Sie zu und verbinden Sie die Sätze mit den passenden Ergänzungen. In welchem Fall stehen die Ergänzungen?

 Die Berlinale ist eines der wichtigsten Festivals *e. der Welt*.
Genitiv, Feminin, Singular

a. dem Film „Rebecca"
b. viele berühmte Filmstars
c. das Highlight

d. die Stadt
e. der Welt
f. den goldenen Berliner Bären

1. Die Berlinale ist eines der wichtigsten Filmfestivals _____ .
   _____

2. Die erste Berlinale eröffnete mit _____ .
   _____

3. Kinofans und Filmkritiker aus der ganzen Welt besuchen _____ .
   _____

CD 1: 5

4. Man sieht _____ .

_____

5. Eine Jury verleiht _____ .

_____

6. Die Preisverleihung am letzten Abend ist _____ .

_____

8 Heuwers Gespräch (Verben/Konjugation)

CD 1: 6

Hören Sie zu und ergänzen Sie die Lücken.

KURT: Herta, (1) _____ du die Amerikaner dort drüben?

Sie (2) _____ Steak mit Ketchup!

HERTA: Ja, das (3) _____ gut aus.

KURT: Das sollten wir auch mal (4) _____ . Aber wir (5) _____ kein

Steak, und Ketchup (6) _____ natürlich aus Amerika.

HERTA: Ich (7) _____ eine tolle Idee! Vielleicht (8) _____ wir es mit

Wurst probieren und für die Tomatensoße unser eigenes Rezept erfinden.

KURT: (9) _____ du denn, welche Zutaten man dafür (10) _____?

HERTA: Ich (11) _____ einfach in der Küche ein bisschen experimentieren.

Sprechen

9 Was machst du in Berlin? (Nomen/Deklination)

CD 1: 7

Ein Freund fragt Sie, was Sie auf Ihrer Reise nach Berlin machen.

Sie hören: Mit wem fährst du nach Berlin?
Sie lesen: mit meinen Freunden
Sie sagen: Ich fahre mit meinen Freunden nach Berlin.
Sie hören: Ah, du fährst mit deinen Freunden nach Berlin.

1. mit meinen Freunden

2. eine alte Freundin aus den USA

3. eine Currywurst

4. meinem Vater

5. meiner Mutter

6. meines Bruders

10   Menschen in Berlin (Verben/Konjugation)

CD 1:
8

Sie hören: Was macht Vladimir Kaminer?

Sie lesen: schreiben / Kurzgeschichten und Romane

Sie sagen: Er schreibt Kurzgeschichten und Romane.

Sie hören: Genau, er schreibt Kurzgeschichten und Romane.

1.   Vladimir Kaminer: schreiben / Kurzgeschichten und Romane

2.   wir: machen / eine Bootsfahrt auf der Spree

3.   du: sehen / im Theater ein Stück von Brecht

4.   ihr: gehen / in alle coolen Clubs

5.   ich: anrufen / alte Freunde im Prenzlauer Berg

6.   Frau Müller und Frau Meier: fahren / mit der S-Bahn nach Potsdam

Schriftliches

11   Marlenes Lied (Deklination)

Identifizieren Sie den Kasus der numerierten Nomen oder Pronomen.

Nom = Nominativ   Dat = Dativ

Gen = Genitiv   Akk = Akkusativ

Ich hab' noch (1) **einen Koffer** in Berlin,   1. _____

deswegen muss ich nächstens wieder hin.

(2) **Die Seligkeiten** (3) **vergangener Zeiten**   2. _____   3. _____

sind alle noch in (4) **meinem Koffer** drin.   4. _____

Ich hab' noch meinen Koffer in Berlin.

(5) **Der** bleibt auch dort und das hat (6) **seinen Sinn.**   5. _____   6. _____

Auf (7) **diese Weise** lohnt sich (8) **die Reise,**   7. _____   8. _____

denn, wenn ich (9) **Sehnsucht** hab, dann fahr ich wieder hin.   9. _____

Wunderschön ist's in Paris auf (10) **der rue Madeleine,**   10. _____

Schön ist es, im Mai in Rom durch (11) **die Stadt** zu gehen,   11. _____

oder eine Sommernacht still beim (12) **Wein** in Wien.   12. _____

Doch ich denk' wenn (13) **ihr** auch lacht, heut' noch an Berlin. 13. _____

Denn (14) **ich** hab noch einen Koffer in Berlin.   14. _____

12 | Eine Tour durch Berlin (Deklination)

Ergänzen Sie jeden Satz mit den passenden Formen der Artikel und Nomen in Klammern. Achten Sie dabei auf den Kasus.

1. Der Reiseführer zeigt _____ (die Leute) _____ (das Brandenburger Tor).

2. Sie machen Bilder von _____ (die Gedächtniskirche) und _____ (der Reichstag).

3. Ein Tourist kauft ein Stück _____ (die Mauer) in _____ (der Souvenirladen).

4. Die ganze Gruppe läuft durch _____ (die verschiedenen Bezirke).

5. _____ (die Parkanlagen) gefallen ihnen sehr.

6. Sie fragen _____ (der Reiseführer), wie die Berliner normalerweise durch _____ (die Stadt) fahren.

7. Er erklärt _____ (die Touristen), dass die meisten Leute mit _____ (die U-Bahn), mit _____ (die S-Bahn), mit _____ (der Bus) oder mit _____ (das Fahrrad) fahren.

13 | Mehr über Marlene (Verben)

In welchem Tempus und Modus sind die folgenden Fragen über Marlene Dietrich? Sind Sie aktiv oder passiv?

A. Tempus: Präsens, Perfekt, Imperfekt, Plusquamperfekt oder Futur?

1. Machte sie eine Ausbildung als Violinistin? ___*Imperfekt*___

2. Hat sie einen Stern auf dem Hollywood Boulevard bekommen? _____

3. Werden weitere Generationen die Filme von Marlene genießen? _____

4. Ist Marlene immer noch eine wichtige Deutsche? _____

5. Bevor sie als Schauspielerin arbeitete, hatte sie als Sängerin gearbeitet? _____

6. Wurde sie 1939 Amerikanerin? _____

7. Hat sie in Frankreich gewohnt? _____

B. Modus: Indikativ, Konjunktiv oder Imperativ?

8. Möchten Sie mehr über Marlene lernen? _____

9. Nannten die Deutschen sie eine Verräterin? _____

10. Schauen Sie mal selber einen Film von Marlene an! _____

11. Zog sie nach Amerika um? _____

12. In welchen aktuellen Filmen würde Marlene spielen? _____

C. Aktiv/Passiv: Aktiv oder Passiv?

13. Drehte sie einen Film mit Alfred Hitchcock? _____

14. Schrieb sie ein Lied über Berlin? _____

15. Werden ihre Filme noch gesehen? _____

16. Wird ihr Buch in Deutschland gelesen? _____

C. LESEN

Hauptbahnhof Berlin

Im Mai 2006 wurde der neue Berliner Hauptbahnhof eröffnet. Der Bau dieser grandiosen Konstruktion aus Glas und Stahl dauerte zehn Jahre. Berlin hatte bis dahin zwar andere Bahnhöfe, aber keinen Hauptbahnhof in der Mitte der Stadt wie in anderen deutschen Großstädten.

In keiner anderen deutschen Stadt wäre ein so großes Projekt möglich gewesen. Auf drei Ebenen (*levels*) gibt es Geschäfte, Restaurants und Infoschalter. Hier kann man sehen, dass Berlin immer in Bewegung (*in motion*) ist. Auf der Spree (*river in Berlin*) fahren Schiffe vorbei. Autos und Busse, Fußgänger und Radfahrer bewegen sich hin und her und Bahnen fahren unter- und übereinander ein und aus.

Nur eines hat der neue Hauptbahnhof nicht: ein Bahnhofsviertel. Wie ein gläserner Palast steht er allein im Grünen. Von der Südterrasse aus kann man das Kanzleramt, den Reichstag und die Parlamentsgebäude sehen. Ein kleiner Kanal in der Nähe bildete bis 1989 die Grenze zwischen Ost und West. Der Zweite Weltkrieg und die Teilung Berlins hatten ein großes Vakuum hinterlassen.

Durch den Hauptbahnhof hat dieses Stadtgebiet endlich ein neues Gesicht bekommen. Für die Berliner war der Bahnhof eine Verbindung zwischen Stadtteilen, die vorher durch ein leeres Gebiet getrennt waren. Die Politiker sehen den Berliner Hauptbahnhof als wichtigsten Bahnhof Deutschlands und als Symbol der Verbindung zwischen Ost und West.

14 | Fragen zum Text

Verbinden Sie die Fragen mit den richtigen Antworten.

1. Wann wurde der neue Berliner Hauptbahnhof eröffnet? _____

2. Wie lange dauerte der Bau? _____

3. Was gibt es auf den drei Ebenen? _____

4. Was kann man von der Südterrasse aus sehen? _____

5. Was war bis 1989 die Grenze zwischen Ost und West? _____

6. Wie ist in der Mitte Berlins ein großes Vakuum entstanden? _____

7. Wofür ist der neue Berliner Hauptbahnhof ein Symbol? _____

a. Die Verbindung zwischen Ost und West

b. Geschäfte, Restaurants und Infoschalter

c. Im Mai 2006

d. Zehn Jahre

e. Durch den Krieg und die Teilung der Stadt

f. Ein kleiner Kanal

g. Das Kanzleramt, den Reichstag und die Parlamentsgebäude

15 | Wortarten

Geben Sie für die **fettgedruckten** Wörter die Wortart an.

z.B.   der **neue** Berliner Hauptbahnhof   _Adjektiv_

1. Konstruktion aus Glas **und** Stahl   _____

2. in **der** Mitte der Stadt   _____

3. aber keinen **Hauptbahnhof**   _____

4. wie **in** anderen deutschen Großstädten   _____

5. Bahnen **fahren** unter- und übereinander   _____

6. steht er **allein** im Grünen   _____

7. **endlich** ein neues Gesicht   _____

8. **eine** Verbindung zwischen Stadtteilen   _____

9. ein großes Vakuum **hinterlassen**   _____

10. Verbindung **zwischen** Ost und West   _____

D. SCHREIBEN

16 | Ein Koffer in . . . ?

Im Lied singt Marlene Dietrich, dass sie „noch einen Koffer in Berlin hat" . Wo auf der Welt haben Sie noch einen Koffer? Vielleicht in Ihrer Heimatstadt? Haben Sie vielleicht einen Urlaub in einem wunderschönen Ort gemacht? Vielleicht ist dieser Ort nur eine Fantasie . . .

Schritt 1: Schreiben Sie Wörter in den folgenden Kategorien, die Sie mit ihrem Ort assoziieren.

Nomen	Verben	Adjektive
_____	_____	_____
_____	_____	_____
_____	_____	_____
_____	_____	_____
_____	_____	_____
_____	_____	_____

Schritt 2: Schreiben Sie jetzt fünf Sätze mit Wörtern von verschiedenen Kategorien. Passen Sie besonders ■ auf Deklination und Konjugation auf.

_____

_____

_____

_____

_____

Schritt 3: Warum haben Sie noch einen Koffer da? Schreiben Sie ein paar Notizen darüber, warum dieser Ort Ihnen besonders ist. Fühlen Sie sich anders, wenn Sie da sind? Ist da etwas Wichtiges passiert?

_____

_____

_____

_____

_____

Schritt 4: Verbinden Sie jetzt Ihre Ideen und Notizen zu einen zusammenhängenden Aufsatz und achten Sie dabei weiterhin auf Deklination und Konjugation.

Ich habe noch einen Koffer in _____

_____

_____

_____

_____

_____

_____

_____

_____

_____

_____

_____

_____

Name _____   Datum _____

_____

_____

_____

_____

_____

_____

_____

_____

_____

_____

_____

_____

_____

_____

_____

_____

_____

_____

_____

Station

München 2

 Heinle iRadio
www.thomsonedu.com/german:
• perfect tense
• pronunciation of vowel sounds

A. WORTSCHATZ

Mündliches

Hören

| 1 | Die Münchner Biergärten |

CD 1: 9 Numerieren Sie die Phrasen in der Reihenfolge, in der Sie sie hören.

_____ Freizeitmöglichkeiten

_____ ein gutes Trinkgeld

_____ bei der Kellnerin

_____ eine Speisekarte

_____ besonders beliebt

___*2*___ Großstädte

_____ den neuesten Klatsch

_____ mit Bedienung

| 2 | Dialog im Getränkemarkt |

CD 1: 10 Ergänzen Sie die Lücken mit den Wörtern, die Sie hören.

HÄNDLER: Grüß Gott. Was darf's sein?

KUNDIN: Grüß Sie! Heute brauche ich einen (1) _____ Augustiner Bier und vier Flaschen

(2) _____ .

HÄNDLER: Orange oder Apfel?

KUNDIN: Orange, bitte, den mit viel Fruchtfleisch.

HÄNDLER: Alles klar. Brauchen Sie auch Mineralwasser?

KUNDIN: Nein, danke, die (3) _____ bekommt mir nicht so gut. Ich trinke lieber

(4) _____ , das Münchner Wasser ist ja bekannt für seine hohe Qualität. Und

(5) _____ ist es natürlich auch.

HÄNDLER: Das stimmt allerdings. Wollen Sie sich die Getränke (6) _____ ?

KUNDIN: Nein, das ist nicht nötig, heute habe ich mein Auto dabei.

HÄNDLER: Gut, dann bringe ich Ihnen die (7) _____ zum Auto. Haben Sie auch

(8) _____ dabei?

KUNDIN: Ja, das steht im Auto, zwei leere Kästen und dann noch die Weinflaschen hier.

HÄNDLER: Die können wir leider nicht zurücknehmen, auf die gibt es kein (9) _____ . Die

müssen Sie am Altglascontainer (10) _____ .

KUNDIN: Ach ja, das kann ich mir nie merken.

HÄNDLER: Kein Wunder, das ist auch ein bisschen kompliziert geworden, das (11) _____ .

Sprechen

3 | Fragen über München

CD 1: 11   Sie hören sechs Fragen über München. Benutzen Sie bei Ihren Antworten die vorgegebenen Elemente.

Sie hören: Wofür ist München bekannt?

Sie lesen: für seine Freizeitmöglichkeiten

Sie sagen: München ist für seine Freizeitmöglichkeiten bekannt.

Sie hören: Richtig, München ist für seine Freizeitmöglichkeiten bekannt.

1. für seine Freizeitmöglichkeiten
2. nein, eine Großstadt
3. die heimliche Hauptstadt Deutschlands
4. den täglichen Klatsch
5. Bierzelte und Karussels
6. die Straßenbahn

4 | Im Hofbräuhaus

CD 1: 12   Sie haben Ihren Geburtstag gestern im Hofbräuhaus gefeiert und erzählen Ihrer Freundin davon.

Sie hören: Wo bist du gestern Abend gewesen?

Sie lesen: im Hofbräuhaus

Sie sagen: Ich bin im Hofbräuhaus gewesen.

Sie hören: Ah, im Hofbräuhaus.

1. im Hofbräuhaus
2. meistens voll und laut
3. fast eine ganze Portion Schweinshaxn
4. nein, das ist ein Vorurteil
5. auf meine Gesundheit natürlich
6. meine Freundin hat das heimlich gemacht

Schriftliches

| 5 | Ausflug zum Getränkemarkt |

Benutzen Sie die Wörter von der Liste, um den Dialog zu ergänzen. Denken Sie daran, wie man Mengenangaben (*units of measurement*), z.B. eine Tasse Kaffee, schreibt.

bezahlen • billig • die Flasche • die Kästen • das Leergut • das Lieblingsgetränk • sich liefern lassen • das Mineralwasser

VATER: Kommst du mit? Ich fahre zum Getränkemarkt.

SOHN: Ja, ich fahre mit. Soll ich (1) _____ ins Auto laden?

VATER: Ja, bitte. Schatzi, was brauchen wir vom Getränkemarkt?

MUTTER: Mindestens fünf (2) _____ Bier, einen Kasten (3) _____

und auch noch eine (4) _____ Saft. Vergiss nicht mein

(5) _____ Cola.

VATER: Das ist schon sehr viel. Sollten wir (6) _____ die Getränke nicht

_____ _____ ?

MUTTI: Das könnten wir machen, aber dann müssen wir auch dafür (7) _____ . Es ist doch

nicht (8) _____ !

| 6 | Ausrufe der Familie Derendinger |

Benutzen die folgenden Verben, um die Ausrufe zu ergänzen.

angefangen • ausziehen • geküsst • findet ... statt • kriegen • mitbringen • rennen • schwitze • verloren • zieh ... an

1. Wir _____ bestimmt keinen Platz im Bierzelt!

2. Wir müssen unsere Brotzeit _____ . Das machen wir doch jedes Jahr.

3. So eine Hose trägst du nicht auf die Wiesen! _____ dir doch eine andere

    _____ !

4. Ich werde mir die Schuhe nicht _____ !

5. Das Fest hat schon vor zwei Stunden _____ .

6. Ich _____ hier mit so vielen Leuten im Bus.

7. Wo haben wir denn die Oma _____ ?

8. Wir müssen _____ , wenn wir die Oma wieder finden wollen.

9. Warum _____ das Fest nicht im Juli _____ ?

10. Meine Verlobte hat einen anderen Mann _____ !

7 | Fragen beim Abendessen

Finden Sie eine Antwort auf jede Frage und schreiben Sie den passenden Buchstaben neben die Frage.

1. _____ Ist das ein beliebtes Restaurant?

2. _____ Könnten wir auch draußen essen?

3. _____ Was möchtest du trinken?

4. _____ Ist das nicht schädlich für die Gesundheit?

5. _____ Hast du die Speisekarte angeschaut?

6. _____ Hast du überhaupt einen Kellner gesehen?

a. Ja, es gibt viele feine Gerichte.

b. Ja, es ist meistens ganz voll.

c. Nein, bis jetzt habe ich keine Bedienung gesehen.

d. Leitungswasser mit Eis, bitte.

e. Hoffentlich nicht. Ich trinke es fast jeden Tag.

f. Ja, das Restaurant hat einen kleinen Biergarten.

B. STRUKTUREN

Mündliches

Hören

8 | Die weiße Rose

CD 1: 13

Bringen Sie die Sätze in die Reihenfolge, in der Sie sie hören.

_____ Als sie die Flugblätter am 14. Februar 1943 in der Münchner Uni verteilt haben, hat der Hausmeister die Gestapo (Geheime Staatspolizei) informiert.

_____ Ihre wichtigsten Mitglieder waren die Geschwister Hans und Sophie Scholl.

_____ 1997 und 2005 hat man vor der Universität eine Denkstätte gebaut.

___1___ Die weiße Rose ist eine Münchner Widerstandsgruppe gegen die Nazis gewesen.

_____ Später hat der Volksgerichtshof die beiden zum Tode verurteilt, und man hat sie hingerichtet.

_____ Und im Jahre 2003 haben Verwandte der Mitglieder das wissenschaftliche Weiße Rose Institut gegründet.

_____ Sie haben Flugblätter gegen die nationalsozialistische Politik geschrieben.

9 | Der Straßenarbeiter – frei nach Ludwig Thoma (Perfekt)

CD 1: 14

Die folgende Geschichte ist vom Münchner Schriftsteller Ludwig Thoma (1867–1921). Hören Sie zu und ergänzen Sie die Lücken.

1. Ende Mai _____ ich mit einem Freund am Siegestor _____ . 2. Er

_____ mich auf einen Mann aufmerksam _____ . 3. Der _____

mitten in der Straße stehen _____ und _____ seinen Mantel _____ .

4. Dann _____ er ihn an einen Gartenzaun _____ . 5. Schließlich

_____ er sich wieder in die Straße neben einen Schubkarren _____ . 6. Er

_____ eine Schaufel _____ und sie auf den Boden _____ . 7. Dann

_____ er sich auf den Schubkarren _____ . 8. Schließlich _____ er

meinen Freund und mich _____ . 9. Er _____ zu uns _____ und

_____ uns _____ , ob wir hier fremd sind. 10. „Nein", _____ wir

_____ . 11. „Schade", _____ er da _____ . „Ich habe Ihnen für ein Bier

die Stadt zeigen wollen." 12. Da _____ wir ihm 20 Pfennig für ein Bier _____ .

13. Er _____ uns _____ und _____ wieder zu seinem Karren

_____ . 14. Dann _____ er seinen Mantel wieder _____ . 15. Ich

_____ ihn _____ , was er jetzt vorhat. 16. „Ein Bier kaufen", _____ er

_____ . „Ich muss Kraft tanken (*stock up on energy*), weil ich für die Stadt die Straße umgraben muss.

Eine Wahnsinnsarbeit!" 17. Kopfschüttelnd _____ er _____ .

Sprechen

10 Was haben Sie in München gemacht? (Perfekt)

CD 1: 15

Sie hören: Was haben Sie in München gemacht?
Sie lesen: zuerst / auf den Viktualienmarkt / gegangen
Sie sagen: Zuerst bin ich auf den Viktualienmarkt gegangen.
Sie hören: Aha, zuerst sind Sie also auf den Viktualienmarkt gegangen.

1. zuerst / auf den Viktualienmarkt / gegangen
2. als nächstes / den Marienplatz / besucht
3. dann / das Glockenspiel / gesehen
4. auf der Leopoldstraße / gesessen / und / einen Cappucino / getrunken
5. am Abend / im Augustiner Keller / einen Schweinebraten / gegessen
6. danach / ins Hotel / zurückgegangen / und / lange / geschlafen

11 Was haben andere Besucher in München gemacht? (Perfekt)

CD 1: 16

Sie hören: In welches Museum sind wir gegangen?
Sie lesen: ihr: ins Deutsche Museum gehen
Sie sagen: Ihr seid ins Deutsche Museum gegangen.
Sie hören: So, ihr seid ins Deutsche Museum gegangen.

1. ihr: ins Deutsche Museum gehen
2. wir: die Pinakothek der Moderne besuchen
3. der Tourist: den Englischen Garten sehen
4. du: im Biergarten Obatzter essen
5. die Studentin: im Café an der Uni sitzen
6. die Besucher: in der Kaufinger Straße spazieren gehen

12 Vor dem Oktoberfest (Imperativ)

CD 1:
17

Die Kinder wollen aufs Oktoberfest und haben vorher noch einige Fragen an Sie. Antworten Sie mit der **du-** oder **ihr**-Form des Imperativs.

Sie hören:	Wo kann ich mir die Hände waschen?
Sie lesen:	gehen: ins Badezimmer
Sie sagen:	Geh ins Badezimmer!
Sie hören:	Geh ins Badezimmer!

1. gehen: ins Badezimmer
2. anziehen: die Lederhose
3. nehmen: das blaue Hemd
4. mitbringen: ein Lebkuchenherz
5. fahren: mit der Trambahn
6. suchen: neben der Garderobe

13 Auf dem Oktoberfest (Imperativ)

CD 1:
18

Was schreien die Schausteller, um Werbung zu machen? Antworten Sie mit der **Sie**-Form des Imperativs.

Sie hören:	Löwenbräu
Sie lesen:	kommen: in unser gemütliches Bierzelt
Sie sagen:	Kommen Sie in unser gemütliches Bierzelt!
Sie hören:	Kommen Sie in unser gemütliches Bierzelt!

1. kommen: in unser gemütliches Bierzelt
2. essen: unsere knusprigen Hähnchen und frische Brezen
3. einsteigen: in unsere schaurige Geisterbahn
4. fahren: mit unserem riesigen Riesenrad
5. kaufen: heute noch ein Lotterielos
6. sehen: den einmaligen, klitzekleinen Flohzirkus

Schriftliches

14 Nach dem Ausflug (Perfekt)

Verwenden Sie die Wörter in Klammern, um eine Anwort im Perfekt auf jede Frage zu schreiben.

MUTTER: Habt ihr mir mein Lieblingsgetränk gekauft?

VATER: **(wir / es / vergessen / leider)** →

Wir haben es leider vergessen.

1. MUTTER: Habt ihr Mineralwasser mit Kohlensäure gekauft?

 VATER: (ja / aber / es / geben / nur / sanftes Mineralwasser)

 _____

2. VATER: Hast du den Kasten in die Küche hingestellt?

 SOHN: (nein / ich / lassen / ihn / im Auto)

 _____

3. MUTTER: Warum hast du den Kasten nicht reingetragen?

   SOHN: (ich / sein / zu faul)

   _____

4. MUTTER: Warum habt ihr nicht das ganze Pfand zurückbekommen?

   VATER: (wir / verlieren / ein paar Flaschen / bei der Fahrt)

   _____

5. MUTTER: Das ist doch unmöglich! Wie ist denn so was passiert?

   SOHN: (Papa / schließen / die Tür / nicht richtig)

   _____

6. MUTTER: Und die Flaschen sind auf die Straße gefallen?

   VATER: (ja / aber / wir / aufräumen / das Glas)

   _____

15 | In München steht ein Hofbräuhaus (Perfekt)

Was haben Stefan und Stephanie da alles gemacht? Ergänzen Sie die Lücken mit dem passenden Hilfsverb und Partizip. Achten Sie auf Verbkongruenz.

1. Stefan und Stephanie _____ keinen Platz _____ . (finden)

2. Sie _____ eine Stunde lang auf einen Tisch _____ . (warten)

3. Sie _____ zwei Biere _____ . (bestellen)

4. Die Beiden _____ viele Lieder _____ . (singen)

5. Stefan _____ noch ein Bier _____ . (trinken)

6. Er _____ auf dem Tisch _____ . (tanzen)

7. Stephanie _____ alleine am Tisch _____ . (sitzen)

8. Sie _____ mit einem Italiener _____ . (sprechen)

9. Stefan _____ Stephanie mit dem Italiener _____ . (sehen)

10. Er _____ schnell zu ihr _____ . (gehen)

11. Stefan _____ ihn ins Gesicht _____ . (schlagen)

12. Die Leute _____ neugierig (curiously) _____ . (zuschauen)

Name _____   Datum _____

16 Ein berühmter Münchner: Christian Morgenstern (Perfekt)

Schreiben Sie die Biographie von Christian Morgenstern neu im Perfekt.

 Von 1892 bis 1893 **hat** Christian Morgenstern Jura an der Breslauer Universität **studiert**, aber er **hat** . . .

1871	Christian Morgenstern wird in München geboren.
1892/93	Morgenstern studiert Jura an der Breslauer Universität, aber er bricht das Studium bald wieder ab.
1893	Morgenstern erkrankt an Tuberkulose.
1894	Er zieht nach Berlin. Von hier aus schreibt er regelmäßig Kulturberichte und Literaturkritiken.
1894/99	Morgenstern veröffentlicht Beiträge und Glossen in Kulturzeitschriften wie *Jugend, Freie Bühne* und *Die Gesellschaft*.
1895	Morgenstern gibt seinen ersten Lyrik-Band heraus. Aufgrund seiner literarischen Tätigkeit kommt es zum Bruch (*falling out*) mit dem Vater.
1897	Er übersetzt Werke von August Strindberg und Henrik Ibsen.
1900	Aufgrund seiner Krankheit geht er in die Schweiz.
1900/02	Hier schreibt er satirische Szenen und Parodien für Max Reinhardts Berliner Kabarett *Schall und Rauch*.
1905/06	Während eines weiteren Sanatoriumsaufenthalts findet er zum Glauben und zur Religion.
1909	Morgenstern schließt sich der dem engeren Kreis der anthroposophischen Gesellschaft um Rudolf Steiner an.
1910	Er heiratet Margareta Gosebruch.
1914	Christian Morgenstern stirbt am 31. März in Meran an den Folgen seiner Krankheit.

1871: *Christian Morgenstern wird in München geboren.* _____

1892/93: *Von 1892 bis* _____

_____

1893: _____

_____

1894: _____

_____

1894/99: _____

_____

1895: _____

_____

1897: _____

_____

1900/02: _____

_____

1905/06: _____

_____

1909: _____

_____

1910: _____

1914: _____

17 | Endlich auf der Wies'n (Perfekt)

Seppi, der Bruder von Herrn Derendinger, ist auch aufs Oktoberfest gegangen. Spekulieren Sie, was er gemacht hat, bevor er dort angekommen ist. Schreiben Sie sechs Sätze im Perfekt und benutzen Sie dabei sechs verschiedene Verben aus der Liste:

anziehen • aufstehen • fahren • finden • laufen • mitbringen • packen • warten

z.B. *Er hat auf den Bus gewartet.*

1. _____ .

2. _____ .

3. _____ .

4. _____ .

5. _____ .

6. _____ .

Und was hat er dann auf der Wies'n gemacht? Schreiben Sie sechs Sätze im Perfekt und benutzen Sie dabei sechs verschiedene Verben aus der Liste.

bleiben • essen • genießen • kaufen • kennen lernen • küssen • reden • schreien • treffen • verlieren

7. _____ .

8. _____ .

9. _____ .

10. _____ .

11. _____ .

12. _____ .

18 | Befehle von der Frau Derendinger (Imperativ)

Was soll Herr Derendinger alles tun? Schreiben Sie die richtige Imperativform in die Lücke, um den Befehl zu ergänzen. Benutzen Sie dabei die **du**-Form.

1. _____ mir mit der Oma! (helfen)

2. _____ dir eine andere Hose _____! (anziehen)

3. _____ die Brotzeit in den Korb _____! (einpacken)

4. _____ hinter (gehen) und _____ die Oma! (wecken)

5. _____ mir eine Bratwurst! (kaufen)

6. _____ mit mir! (tanzen)

7. _____ die Oma nicht allein! (lassen)

8. _____ auf den nächsten Bus! (warten)

19 | Vorschläge für Besucher der Stadt München (Imperativ)

Was sollen Besucher in München machen? Benutzen Sie die vorgegebenen Wörter und die **Sie**-Form des Imperatives, um einen Vorschlag zu machen.

1. probieren / die Münchner Weißwurst

   _____

2. gehen / auf jeden Fall / in die Pinakothek der Moderne

   _____

3. kaufen / sich / eine Breze

   _____

4. machen / viele Bilder auf dem Marienplatz

   _____

5. anschauen / das beliebte Glockenspiel

   _____

20 | Weitere Vorschläge (Imperativ)

Was sollen Ihre Freunde Ihrer Meinung nach (nicht) tun, wenn sie München besuchen? Benutzen Sie die **ihr**-Form des Imperativs.

1. trinken / ein Münchner Bier / in einem gemütlichen Biergarten

   _____

2. machen / einen Ausflug in die Alpen

   _____

3. verbringen / einen Tag / im Deutschen Museum

   _____

4. gehen / nicht / in das Hofbräuhaus

_____

5. essen / einen richtigen bayerischen Knödel / bei uns zu Hause

_____

C. LESEN

Der Märchenkönig (*fairy-tale king*) Ludwig II von Bayern

Der populärste und letzte bayrische König war Ludwig II (Ludwig der Zweite), der bis heute durch seine Schlösser – Neuschwanstein, Herrenchiemsee und Linderhof – bekannt geworden ist. Er war kein großer Politiker und hat für seinen königlichen Lebensstil viel zu viel Geld ausgegeben. Trotzdem sind die Bayern stolz auf ihren letzten König.

Ludwig ist schon im Alter von 19 Jahren König geworden. Sein Vater, Maximilian II, der 1864 gestorben ist, hat Ludwig nicht gut auf seine Aufgaben als König vorbereitet (*prepared*). Ludwig war mehr an Kunst, Architektur und Musik interessiert als an Politik.

Ludwig bewunderte Richard Wagner schon seitdem er im Alter von 16 Jahren eine seiner Opern gesehen hatte. Wagner brauchte Geld. Ludwig war sein größter Fan und hat ihn nicht nur für seine Opern bezahlt, sondern ihm sogar ein eigenes Festspielhaus (*festival theater*) finanziert.

Durch die Gründung des Deutschen Reiches 1870 hat Bayern seine Souveränität verloren. Ludwig konnte sich nun auf das Bauen von Schlössern konzentrieren. In Neuschwanstein und Linderhof hat Ludwig regelmäßig gewohnt, aber das kleine Schloss Herrenchiemsee wurde aus Geldmangel (*lack of money*) nicht vollendet. Ludwig war bankrott.

In seinen letzten Jahren ist es Ludwig nicht sehr gut gegangen. Er hat schlecht gegessen und zu viel getrunken und wurde für „paranoid" gehalten. Die Staatsgeschäfte hat sein Onkel übernommen und Ludwig wurde in ein kleines Schloss am Starnberger See gebracht, wo er im Alter von 41 Jahren auf mysteriöse Weise ertrunken ist.

21 | Richtig oder falsch?

Kreuzen Sie an, ob die folgenden Aussagen richtig (R) oder falsch (F) sind.

		R	F
1.	Ludwig war ein fantastischer Politiker.	❏	❏
2.	Er hat viel Geld für seine Schlösser ausgegeben.	❏	❏
3.	Maximilian hat Ludwig gut auf seine Aufgaben als König vorbereitet.	❏	❏
4.	Ludwig hat sich vor allem für Philosophie und Geschichte interessiert.	❏	❏
5.	Als er 16 war, hat Ludwig zum ersten Mal eine Oper von Wagner gesehen.	❏	❏
6.	Ludwig hat Wagner finanziell geholfen.	❏	❏
7.	Ludwig hat meistens im Schloss Herrenchiemsee gewohnt.	❏	❏
8.	Am Starnberger See hat Ludwig im Alter von 41 Jahren ein Opernhaus gebaut.	❏	❏

22 | Sätze verbinden

Verbinden Sie die passenden Satzteile.

1. Ludwig ist bankrott gegangen, _____ .

2. Die Bayern sind stolz auf Ludwig, _____ .

3. Weil sein Vater relativ früh gestorben ist, _____ .

4. Bayern hat seine Souveränität verloren, _____ .

5. Weil Ludwig bankrott war, _____ .

6. Weil Ludwig für „paranoid" gehalten wurde, _____ .

7. Ludwig ist im Starnberger See ertrunken, _____ .

a. ist er schon mit 19 König geworden

b. weil er zu teure Schlösser gebaut hat

c. ist das Schloss Herrenchiemsee nicht fertig worden

d. obwohl er kein guter Politiker war

e. als 1870 das Deutsche Reich gegründet wurde

f. aber niemand weiß genau, wie es passiert ist

g. hat sein Onkel hat die Staatsgeschäfte übernommen

23 | Partizipien und Infinitive

Finden Sie alle Partizipien im Text über den Märchenkönig (oben) und geben Sie die Infinitive dazu an.

	Partizip	Infinitiv
1.	geworden	werden
2.	ausgegeben	ausgeben
3.		
4.		
5.		
6.		
7.		
8.		
9.		
10.		
11.		
12.		
13.		
14.		
15.		
16.		
17.		
18.		
19.		

D. SCHREIBEN

24 | Pech gehabt!

Manchmal läuft es nicht so, wie man es sich vorstellt. Denken Sie an die arme Familie Derendinger – das Wetter, die Kleidung, das Essen, die Liebe, der Verkehr. Alles ist in die Hose gegangen (*was a complete flop*). Haben Sie jemals so ein Erlebnis gehabt? Benutzen Sie die folgenden Schritte, um Ihre Pechgeschichte zu erzählen und verwenden Sie dabei das Perfekt.

Schritt 1: Was ist passiert? Machen Sie eine Liste von Verben, um den Ablauf (*action*) der Geschichte zu erzählen. Schreiben Sie auch die passende Perfektform dazu.

Schritt 2: Hat es dabei ein Problem gegeben? Beschreiben Sie das Problem neben dem Verb. Hoffentlich gibt es Verben ohne Probleme!

Verb	Perfekt	Hat es ein Problem gegeben?
anziehen	*hat angezogen*	*zwei verschiedene Socken*
fahren	*ist gefahren*	*Oma, mit dem falschen Bus*
1.		
2.		
3.		
4.		
5.		
6.		
7.		
8.		
9.		
10.		

Schritt 3: Bauen Sie Sätze mit den oben geschriebenen Verben, um die Probleme auszudrücken. Dabei könnten die folgenden Wörter und Begriffe benutzen:

aber • bedauerlicherweise (*regrettably*) • leider • unglücklicherweise

z.B. Herr Derendinger hat sich rechtzeitig angezogen, aber leider hat er zwei verschiedene Socken angehabt!

_____

_____

_____

_____

Schritt 4: Jetzt benutzen Sie ihre Sätze von oben, um die ganze Geschichte zu schreiben. Verwenden Sie dabei das Perfekt.

_____

_____

_____

_____

_____

_____

_____

_____

_____

_____

Station
Heidelberg
3

Heinle iRadio
www.thomsonedu.com/german:
• past tense

A. WORTSCHATZ

Mündliches

Hören

1 Station Heidelberg

CD 1:
19

Ergänzen Sie die Lücken mit den Wörtern, die Sie hören.

Mit seiner berühmten (1) _____ und der romantischen Schlossruine gilt Heidelberg als eine

der schönsten Städte Deutschlands. Die Universität Heidelberg ist die älteste in Deutschland und wurde vor mehr

als sechshundert Jahren gegründet – mit nur vier (2) _____ . Heute hat die Heidelberger Uni

fünfzehn Fakultäten.

Bereits Ende des 18. und zu Beginn des 19. Jahrhunderts war Heidelberg ein intellektuelles Zentrum. Dichter wie

Josef von Eichendorff, Bettina von Arnim und Clemens Brentano (3) _____ literarische Zirkel

und (4) _____ die Entwicklung der romantischen Literatur. Mitte des 19. Jahrhunderts änderte

sich das (5) _____ Klima und man konzentrierte sich auf (6) _____ ,

Medizin und die Naturwissenschaften. Der Fachbereich Medizin ist seit der Gründung der Heidelberger Universität ein

(7) _____ der Hochschule.

2 Universitäres

CD 1:
20

Hören Sie zu und kreuzen Sie an, ob die Aussagen richtig (R) oder falsch (F) sind. Verbessern Sie die falschen Aussagen.

		R	F
1.	In einem Magisterstudiengang hat man normalerweise ein Hauptfach und ein Nebenfach.	❑	❑
2.	Bei allen Seminaren und Vorlesungen gibt es Anwesenheitskontrollen.	❑	❑
3.	Im Studienbuch werden alle besuchten Seminare und Vorlesungen aufgelistet.	❑	❑
4.	Wenn man erfolgreich an einem Seminar teilnimmt, bekommt man einen Schein.	❑	❑

	R	F
5. Ein Referat ist eine schriftliche Seminararbeit.	❑	❑
6. Eine mündliche Prüfung nennt man an der Uni Klausur.	❑	❑

Sprechen

3 Mehr Universitäres

CD 1: 21 🔊 Sie hören sechs Fragen über den Studienalltag. Benutzen Sie bei Ihren Antworten die vorgegebenen Elemente.

Sie hören: Was ist ein Referat?

Sie lesen: ein Vortrag von Studenten in einem Seminar

Sie sagen: Ein Referat ist ein Vortrag von Studenten in einem Seminar.

Sie hören: Richtig, ein Referat ist ein Vortrag von Studenten in einem Seminar.

1. ein Vortrag von Studenten in einem Seminar
2. eine Naturwissenschaft
3. eine Geisteswissenschaft
4. einen guten Notendurchschnitt beim Abschluss
5. eine Hochschule
6. den Studiengang Germanistik

Schriftliches

4 Das Studentenleben

Was machen die Studenten? Schreiben Sie Sätze mit den Wörtern in Klammern, um zu beschreiben, was gemacht wird.

z.B. (Stefan / bekommen / schlecht / Noten) →

Stefan bekommt schlechte Noten.

1. (die Freunde / lernen / in der Bibliothek)

   _____

2. (die Studentin / bezahlen / die Studiengebühren)

   _____

3. (Karin / belegen / eine Vorlesung)

   _____

4. (Conny und Dominik / sich vorbereiten / auf das Examen)

   _____

5. (der Student / halten / ein Referat)

   _____

6. (Bastian / essen / in der Mensa)

_____

7. (die Studentinnen / wohnen / im Studentenwohnheim)

_____

8. (Luisa / sich entscheiden / für ein Hauptfach)

_____

5 | Noch mehr Universitäres

Ergänzen Sie die Sätze mit der passenden Form des Verbs aus der Liste. Achten Sie auf die Verbkongruenz.

beeinflussen · belegen · dauern · ernst nehmen · erwähnen · gründen · lügen · überlassen bleiben · verstehen

1. Die Vorlesung _____ eine Stunde.

2. Der Student _____ , wenn er sagt, dass er jeden Tag zum Kurs geht.

3. Die meisten Studenten _____ das Studium sehr _____ .

4. Der Professor _____ einen Aufsatz von Hannah Arendt.

5. Die Universität _____ eine neue Fakultät.

6. Die Forschung ihrer Professorin _____ die junge Studentin.

7. Die Bezahlung der Studiengebühren _____ den Eltern des armen Studenten
_____ .

8. Der amerikanische Austauschstudent (*exchange student*) _____ nicht so viel von dem deutschen Seminar.

9. Jedes Semester _____ Bettina vier Kurse.

6 | Rede des Professors am ersten Tag

Verwenden Sie die Wörter von der Liste, um die Rede des Professors zu ergänzen.

die Anwesenheitsliste	das Referat	der Schwerpunkt
die Entwicklung	der Schein	der Verlauf
die Forschung	schließlich	wissenschaftliche
die Klausur		

Ich mache keine (1) _____ in meinem Seminar. Es bleibt Ihnen überlassen, ob Sie jeden Tag

kommen oder nicht. Im (2) _____ des Kurses müssen sie drei Aufsätze schreiben. Sie

müssen auch ein kurzes (3) _____ halten und (4) _____ gibt

es eine (5) _____ . Am Ende bekommen Sie einen (6) _____

für ihre Leistung (*performance*). Der (7) _____ der Vorlesung ist „Die

(8) _____ der Naturwissenschaften im 19. Jahrhundert". Wir werden die

(9) _____ von vielen berühmten Wissenschaftlern diskutieren und auch verschiedene

(10) _____ Aufsätze über die Geistesgeschichte lesen.

B. STRUKTUREN

Mündliches

Hören

7 Perkeo (Imperfekt)

CD 1: 22 Hören Sie zu und ergänzen Sie die Lücken.

Im Keller des Heidelberger Schlosses liegt das weltberühmte Große Fass. Kurfürst Karl Theodor

(1) _____ es 1751 erbauen. Man (2) _____ 221.726 Liter Wein

einfüllen, und es (3) _____ eine Weinleitung zum Festsaal im oberen Teil des Schlosses.

Kurfürst Karl Philipp (4) _____ den Zwerg Clemens Perkeo zum Wächter des Großen

Fasses. Er (5) _____ ihn auf einer Reise durch Tirol kennen, und der Humor des kleinen

Mannes (6) _____ ihm besonders gut. Der Kurfürst (7) _____

ihn, ob er mit nach Heidelberg kommen wolle. „Perche no" (Warum auch nicht), (8) _____

der Zwerg. Da (9) _____ der Kurfürst und (10) _____ : „Du

sollst Perkeo heißen." In Heidelberg (11) _____ Perkeo eine farbige Uniform und einen

riesigen Kellerschlüssel. Perkeo (12) _____ mit seinen Späßen in der ganzen Stadt beliebt,

und man (13) _____ ihm schon während er (14) _____ ein

Denkmal, das noch heute an der Wand neben dem Fass zu finden ist.

8 Was passierte zuerst? (Plusquamperfekt)

CD 1: 23 Lesen Sie die Aussagen unten und hören Sie dann denn Text. Kreuzen Sie an, in welcher Chronologie die Ereignisse stattgefunden haben.

		Zuerst	Danach
1.	Karl Theodor wurde Kurfürst.	X	
	Er ließ das große Fass bauen.		X
2.	Man baute das Fass.		
	Man füllte mehr als 200.000 Liter Wein ein.		
3.	Perkeo kam nach Heidelberg.		
	Karl Philipp reiste nach Tirol.		
4.	Karl Philipp machte Perkeo zum Wächter des großen Fasses.		
	Karl Philipp lernte Perkeo kennen.		
5.	Karl Philipp und Perkeo kamen nach Heidelberg zurück.		
	Perkeo bekam eine Uniform und einen großen Schlüssel.		
6.	Die Bürger der Stadt bauten Perkeo ein Denkmal.		
	Die Bürger der Stadt schlossen Perkeo in ihr Herz.		

Sprechen

9 | Friedrich Ebert (Imperfekt)

Friedrich Ebert war SPD Politiker und der erste Reichspräsident Deutschlands während der Weimarer Republik.

Sie hören:	Wann lebte Friedrich Ebert?
Sie lesen:	leben: von 1871 bis 1925
Sie sagen:	Friedrich Ebert lebte von 1871–1925.
Sie hören:	Richtig, Friedrich Ebert lebte von 1871–1925.

1. leben: von 1871 bis 1925
2. wohnen: in Heidelberg
3. haben: acht Geschwister
4. werden: Parteivorsitzender der SPD
5. wählen: zum Reichspräsidenten der Weimarer Republik
6. sterben: 1925, im Alter von 54 Jahren

10 | Und davor? (Plusquamperfekt)

Beantworten Sie die folgenden Fragen über Ihren Besuch in Heidelberg.

Sie hören:	Wann haben Sie Heidelberg besucht?
Sie lesen:	sehen: Berlin und München
Sie sagen:	Nachdem ich Berlin und München gesehen hatte.
Sie hören:	Ah, nachdem Sie Berlin und München gesehen hatten.

1. sehen: Berlin und München
2. bringen: meine Koffer ins Hotel
3. gehen: durch die Altstadt
4. trinken: auf dem Uniplatz einen Kaffee
5. spazieren gehen: am Neckar
6. essen: im Brauhaus Vetter

Schriftliches

11 | Werdegang eines Studenten (Imperfekt)

Ergänzen Sie die Sätze mit der Imperfektform des passenden Verbes.

arbeiten	ausgehen	bekommen	belegen	beschließen
ernst nehmen	gefallen	gehen	haben	kennenlernen
lernen	schlafen	schreiben	sein	

Florian _____*kam*_____ an der Uni _____*an*_____. Sofort (1) _____

er viele andere Studenten _____. Er (2) _____ viermal die Woche

mit seinen neuen Freunden in die Studentenkneipe. Am nächsten Tag (3) _____ er

immer müde und (4) _____ während der Vorlesung. Während der Semesterferien

(5) _____ er im Labor. Die Arbeit (6) _____ ihm sehr, und er

(7) _____ sein Studium (8) _____ zu _____ .

Er (9) _____ jeden Tag fleißig und (10) _____ nur am Wochenende

_____ . Er (11) _____ Seminare, (12) _____

viele lobenswerte Seminararbeiten, und (13) _____ gute Noten. Nach acht Semestern

(14) _____ er endlich den Abschluss in der Hand.

12 Liebe auf der Uniparty (Imperfekt)

Wie lernten Oli und Rita sich kennen? Lesen Sie die Liebesgeschichte und schreiben Sie sie neu im Imperfekt.

RITA: Ich **bin** mit meinen Freundinnen auf die Party **gegangen**, obwohl ich viel Arbeit **gehabt habe**. Ich **bin** deswegen schlecht gelaunt **gewesen**. Ich **habe** mir die Haare nicht **gewaschen** und ich **habe** eine total hässliche Bluse **getragen**. Ich **habe** die ganze Zeit nur an meine Arbeit **gedacht**.

OLI: Es **hat** Hunderte von Leuten auf der Party **gegeben**, aber ich **habe** sie sofort **gesehen**, weil sie eine knallgelbe Bluse **getragen** hat. Sie **hat** auch nicht viel mit den anderen Mädels **geklatscht** (*gossiped*). Das **habe** ich interessant **gefunden**.

RITA: Er **ist** zu mir **gekommen,** und **hat** mich zum Tanzen **eingeladen**. Natürlich **habe** ich nein **gesagt**. Er **ist** aber bei mir **geblieben**, und wir **haben** bis in die Nacht **geredet**. Wir **haben** auch endlich mal zusammen **getanzt**.

RITA: *Ich ging mit meinen Freundinnen auf eine Party, obwohl ich viel Arbeit hatte.*

_____

_____

_____

_____

_____

OLI: _____

_____

_____

_____

_____

RITA: _____

_____

_____

_____

13 | *Als, wenn* oder *wann*? (Konjunktionen)

Ergänzen Sie jeden Satz mit der richtigen Konjunktion.

1. _____ Hans die Kneipe verließ, war er allein.

2. Normalerweise begleitete Erwin den Hans, _____ er nach Hause ging.

3. Erwin wollte Hans fragen, _____ er die Entscheidung getroffen hatte, aus der
Burschenschaft auszutreten.

4. Auf dem Weg fragte sich Hans, _____ sie wohl im Dorf ankommen würden.

5. Hans besichtigte das Dorf, _____ er mit Heinrich nach Hause lief.

6. Erwin hatte immer gern zugehört, _____ Hans Klavier spielte.

14 | Viel los in Heidelberg! (Imperfekt und Plusquamperfekt)

Schreiben Sie die Imperfekt- und Plusquamperfektformen der folgenden Infinitive in der dritten Person Singular.

Infinitiv	Imperfekt	Plusquamperfekt
z.B. besuchen	*besuchte*	*hatte besucht*
1. Rad fahren	_____	_____
2. studieren	_____	_____
3. leben	_____	_____
4. essen	_____	_____
5. trinken	_____	_____
6. lesen	_____	_____
7. lachen	_____	_____
8. laufen	_____	_____
9. arbeiten	_____	_____
10. bleiben	_____	_____
11. spielen	_____	_____
12. denken	_____	_____
13. sprechen	_____	_____
14. treffen	_____	_____
15. wissen	_____	_____

15 | In welcher Reihenfolge ist alles passiert? (Imperfekt und Plusquamperfekt)

Benutzen Sie die Konjunktion **nachdem**, Plusquamperfekt und Imperfekt, um die folgenden Sätze chronologisch zu verbinden.

 Hans folgt Heinrich aus der Ferne. Heinrich lädt ihn zum Mittagessen ein. →

Nachdem Hans Heinrich aus der Ferne gefolgt war, lud Heinrich ihn zum Mittagsessen ein.

1. Die Kerle trinken zusammen. Hans verläßt die Kneipe allein.

   _____

2. Erwin begleitet Hans auf dem Heimweg. Hans verschwindet in die Dunkelheit.

   _____

   _____

3. Hans tritt aus der Burschenschaft aus. Hans lernt einen anderen Studenten kennen.

   _____

   _____

4. Hans und Heinrich gehen spazieren. Sie essen Brot.

   _____

5. Erwin kommt an Hans' Wohnung vorbei. Er sieht Hans in Begleitung eines unfein gekleideten Menschen.

   _____

   _____

C. LESEN

Auslandsstudium in Heidelberg

In Heidelberg studieren Studenten aus mehr als 130 Ländern. Studierende aus den Ländern der Europäischen Union und den EFTA-Ländern sowie Australien, Israel, Japan, Kanada, Neuseeland, Südkorea und den USA können ohne Visum nach Deutschland einreisen. Wer nicht aus einem EU-Land kommt, braucht eine Aufenthaltserlaubnis (*residence permit*) als Student, die man innerhalb von drei Monaten nachdem man in Deutschland angekommen ist, bei der Ausländerbehörde (*foreign office*) beantragen (*apply for*) muss.

Bevor man sich an der Universität immatrikulieren kann, muss man beweisen (*prove*), dass man für das Studium an einer deutschen Hochschule qualifiziert ist, und meistens muss man eine Deutschprüfung ablegen. Darüber kann man sich beim DAAD (Deutscher Akademischer Austauschdienst = *German Academic Exchange Service*) informieren.

Die meisten Universitäten haben ein Akademisches Auslandsamt (*academic foreign office*), das ausländischen Studenten bei der Bewerbung (*application*) und der Immatrikulation hilft.

Ein weiterer Aspekt, den ausländische Studenten klären müssen, ist die Finanzierung des Studiums. Ab dem Sommersemester 2007 werden an den Hochschulen in Baden-Württemberg Studiengebühren in Höhe von 500 € pro Semester erhoben. Ausländische Studierende, die keinen Anspruch auf Darlehen (*student loan*) haben, können eventuell von den Studiengebühren befreit werden (befreit . . . *do not have to pay*).

Die Lebenskosten in Deutschland sind relativ hoch. Die Miete macht meistens den größten Teil der Kosten aus, denn besonders in Heidelberg ist Wohnraum teuer. Ein Zimmer in einem Studentenwohnheim ist oft billiger als ein Privatzimmer. Es gibt nur für ca. 13% aller Studierenden Wohnheimplätze, aber in den Wohnheimen des Studentenwerks (*student service association*) sind 40–50% der Plätze für ausländische Studierende reserviert. Eine weitere günstige Wohnmöglichkeit sind Wohngemeinschaften mit anderen Studenten.

Ausländische Studenten, die in Heidelberg studieren wollen, sollten sich gut vorbereiten, damit ihr Auslandsstudium ein Erfolg (*success*) wird. Man sollte mit der Planung des Auslandsstudiums ein Jahr im Voraus beginnen und sich darauf freuen, dass manches in Deutschland ganz anders funktioniert.

16 | Richtig oder falsch?

Kreuzen Sie an, ob die folgenden Aussagen zum Text richtig (R) oder falsch (F) sind.

		R	F
1.	Studenten, die nicht aus einem EU-Land kommen, brauchen eine Aufenthaltserlaubnis für Studierende.	❏	❏
2.	Die Aufenthaltserlaubnis für Studierende bekommt man beim DAAD.	❏	❏
3.	Zimmer im Studentenwohnheim sind meistens billiger als private Zimmer oder Wohnungen.	❏	❏
4.	Das Studium an Hochschulen in Baden-Württemberg kostet 500 € pro Semester.	❏	❏
5.	Die Mieten in Heidelberg sind billiger als in anderen deutschen Städten.	❏	❏
6.	Zimmer in Studentenwohnheimen gibt es nur für 13% aller Studierenden.	❏	❏

17 | Definitionen

Finden Sie für jeden Begriff (links) die passende Definition (rechts).

1. Ausländerbehörde _____

2. DAAD _____

3. Akademisches Auslandsamt _____

4. Studentenwerk _____

5. Hochschule _____

6. Studentenwohnheim _____

a. Ein Zimmer in einem . . . ist meistens billiger als ein Privatzimmer.

b. Über die Qualifikationen für ein Studium in Deutschland und die Deutschprüfung kann man sich beim . . . informieren.

c. Das Studium an einer . . . in Baden-Württemberg kostet ab dem Sommersemester 2007 500 € pro Semester.

d. Eine Aufenthaltserlaubnis als Student muss man bei der . . . beantragen.

e. Um ausländischen Studenten bei der Bewerbung und der Immatrikulation zu helfen, haben viele Universitäten ein . . .

f. Das . . . reserviert 40–50% der Wohnheimplätze für ausländische Studierende.

18 | Sätze verbinden

Verbinden Sie die passenden Satzteile.

1. Wer als ausländischer Student in Deutschland eine Aufenthaltserlaubnis braucht, _____ .

2. Beim DAAD kann man sich darüber informieren, _____ .

3. Wenn ausländische Studenten an einer deutschen Universität Hilfe brauchen, _____ .

4. Ausländische Studierende müssen sich darüber informieren, _____ .

5. Da die Mieten in Heidelberg relativ hoch sind, _____ .

6. Wenn man sein Auslandsstudium richtig organisieren will, _____ .

a. welche Qualifikationen man für ein Studium an einer deutschen Hochschule braucht

b. sollte man sich für ein Zimmer in einem Studentenwohnheim bewerben

c. muss man ein Jahr vor dem Studienaufenthalt im Ausland mit der Planung beginnen

d. muss sie innerhalb von drei Monaten nach seiner Ankunft in Deutschland bei der Ausländerbehörde beantragen

e. können sie sich an das Akademische Auslandsamt oder das Studentenwerk wenden

f. ob sie die Studiengebühren in Höhe von 500 € pro Semester bezahlen müssen

D. SCHREIBEN

19 | Die schönste Zeit

Das Studium ist die schönste Zeit: Das sagen die Eltern ihren Kindern. Was ist Ihre schönste Erinnerung an Ihre Zeit an der Uni? Arbeiten Sie in den folgenden Schritten, um eine Geschichte zu erzählen.

Schritt 1: Was passierte?

Welche Verben assoziieren Sie mit Ihren Erinnerungen? Wie lauten die Imperfektformen dieser Verben?

Verben	Imperfektform
_____	_____
_____	_____
_____	_____
_____	_____
_____	_____

Schreiben Sie jetzt einen Satz für jedes Verb.

_____

_____

_____

_____

_____

_____

Schritt 2: In welcher Reihenfolge (*order*)?

Kombinieren Sie diese Verben mit den Konjunktionen **bevor** und **nachdem,** um die Reihenfolge der Geschehnisse (*events*) zu beschreiben. Verwenden Sie Plusquamperfekt und Imperfekt.

_____

_____

_____

_____

_____

_____

_____

Schritt 3: Die schönste Erinnerung

Erzählen Sie jetzt die ganze Geschichte. Benutzen Sie die Sätze aus Schritt 2 und 3 und schreiben Sie mindestens noch vier neue Sätze. Sie könnten auch die folgenden Wörter benutzen:

als • damals • danach • dann • schließlich • später

_____

_____

_____

_____

_____

_____

_____

_____

_____

_____

_____

_____

_____

_____

_____

_____

_____

_____

_____

_____

_____

_____

Station

Hamburg 4

Heinle iRadio
www.thomsonedu.com/german:
• pronunciation of umlaut sounds

A. WORTSCHATZ

Mündliches

Hören

| 1 | Station Hamburg |

CD 1:
26

 Hören Sie zu und kreuzen Sie an, ob die Aussagen richtig (R) oder falsch (F) sind. Verbessern Sie die falschen Aussagen.

		R	F
1.	Hamburg ist die drittgrößte Stadt Deutschlands.	❏	❏
2.	In Hamburg gibt es sehr viele Konsulate.	❏	❏
3.	Viele Menschen aus der ganzen Welt sind nach Hamburg gezogen.	❏	❏
4.	Hamburg ist ein Medienzentrum.	❏	❏
5.	Nur zwei deutsche Zeitungen und Zeitschriften kommen aus Hamburg.	❏	❏
6.	Die *Süddeutsche Zeitung* wird in Hamburg verlegt.	❏	❏

| 2 | Talkshows |

CD 1:
27

Ergänzen Sie die Lücken mit den Wörtern, die Sie hören.

Ein beliebtes Format für (1) _____ im deutschen Fernsehen sind die Talkshows. Viele

Fernsehsender, (2) _____ und private, (3) _____ dieses

Format _____. Hier können die (4) _____ bekannte

(5) _____ sehen, die mit verschiedenen (6) _____ über

aktuelle Fragen aus Politik und Gesellschaft diskutieren. Auch (7) _____ und kontroverse

Themen (8) _____ man dabei nicht.

Name _____   Datum _____

Sprechen

3 Aus der Medienwelt

CD 1: Sie hören sechs Fragen über die Medienwelt. Benutzen Sie bei Ihren Antworten die vorgegebenen Elemente.
28

> Sie hören: Wer publiziert Zeitungen und Zeitschriften?
>
> Sie lesen: ein Verlag
>
> Sie sagen: Ein Verlag publiziert Zeitungen oder Zeitschriften.
>
> Sie hören: Richtig, ein Verlag publiziert Zeitungen oder Zeitschriften.

1. ein Verlag
2. Rundfunk
3. die Nachrichten
4. Moderatorin
5. Zuschauer
6. Werbung

4 *Du* oder *Sie*?

CD 1: Sie hören sechs Fragen. Benutzen Sie bei Ihren Antworten die vorgegebenen Elemente.
29

> Sie hören: In welcher Branche wird häufig die du-Form benutzt?
>
> Sie lesen: in der Medienwelt
>
> Sie sagen: In der Medienwelt wird häufig die du-Form benutzt.
>
> Sie hören: Richtig, in der Medienwelt wird häufig die du-Form benutzt.

1. in der Medienwelt
2. mit dem Vornamen
3. Gesprächspartner nicht voreilig mit du ansprechen
4. die direkte Anrede vermeiden
5. Spitznamen und Kurzformen
6. Respekt

Schriftliches

5 Aus der Arbeitswelt

Finden Sie die Definition für jedes Wort und schreiben Sie den Buchstaben neben das passende Wort.

1. der Arbeitsplatz _____
2. die Branche _____
3. der Chef / die Chefin _____
4. die Werbung _____
5. die Unsicherheit _____
6. der Handel _____
7. die Marke _____
8. die Medien _____

a. der Leiter
b. ein Teil der ganzen Wirtschaft
c. Zeitungen, Zeitschriften, Fernsehen und Rundfunk
d. der Name eines Produktes
e. ein Mittel, das man benutzt, um sein Produkt bekannt zu machen
f. wenn man nicht weiß, was passieren könnte
g. wo man arbeitet
h. das Kaufen und Verkaufen von Produkten und Diensten

6 Die Praktikantin – Nicht VERwechseln!

Ergänzen Sie das passende Wort aus der Liste.

das Verhalten • das Verhältnis • der Verlag • das Verlagswesen • verlegt • vermeidet

1. Das _____ des Chefs zu der neuen Praktikantin ist nicht sehr höflich.

2. Die Praktikantin _____ die direkte Anrede an der Arbeit, weil sie nie weiß, ob sie ihre Kollegen duzen oder siezen soll.

3. Das _____ zu ihren Kollegen ist sehr locker.

4. Der Verlag _____ ein neues Kochbuch, in dem auch zwei Rezepte der Praktikantin zu finden sind.

5. Zuerst sagte die Praktikantin ihrem neuen Freund nur, dass sie im _____ arbeitet.

6. Später erzählte sie ihm, bei welchem _____ sie arbeitet.

B. STRUKTUREN

Mündliches

Hören

7 Besuch in Hamburg (Konjunktiv II)

CD 1: 30

Max und Gerte erzählen, was sie in Hamburg machen würden. Kreuzen Sie an, wer was machen würde.

	Max	Gerte
1. im „Zucker Club" tanzen	❏	❏
2. eine Hafenrundfahrt machen	❏	❏
3. über den Fischmarkt gehen	❏	❏
4. das Speicherstadtmuseum besuchen	❏	❏
5. den Tierpark Hagenbeck sehen	❏	❏
6. im „Hamburg Dungeon" eine Horror-Show sehen	❏	❏
7. mit dem Fahrrad am Elbuferweg fahren	❏	❏
8. im Restaurant „Fischerhaus" essen	❏	❏

8 Was wäre, wenn . . .? (Konjunktiv II)

CD 1: 31

Sechs Menschen sprechen über ihre Träume und Wünsche. Hören Sie zu und ergänzen Sie die Lücken.

1. Wenn es auf der Welt nur eine einzige Sprache _____ , _____ jeder mit jedem über alles sprechen.

2. Wenn Kinder Politiker wären, _____ wir vielleicht in einer viel besseren Welt _____ .

3. Wenn ich einen Tag lang total perfekt _____ , würde ich mich perfekt fühlen, perfekt aussehen und ich _____ natürlich auf alle Fragen eine perfekte Antwort.

4. Wenn ich unendlich viel Zeit _____ , _____ ich ganz ohne Uhren leben.

5. Wenn die Menschen nicht lügen _____ , _____ die Welt viel ehrlicher.

6. Wenn das Wörtchen „wenn" nicht _____ , _____ es vielleicht keinen Konjunktiv.

Sprechen

9 | **Berufsträume (Konjunktiv II)**

CD 1: 32

Was würden junge Leute in ihren Traumjobs machen? Benutzen Sie bei Ihren Antworten die vorgegebenen Elemente und den Konjunktiv II.

Sie hören: Was würde Katrin gern machen?
Sie lesen: Katrin: in einer großen Firma arbeiten
Sie sagen: Katrin würde gern in einer großen Firma arbeiten.
Sie hören: Richtig, Katrin würde gern in einer großen Firma arbeiten.

1. Katrin: in einer großen Firma arbeiten
2. Alex: jeden Tag einen Anzug tragen
3. Martina: erfolgreich sein
4. Karl: ein gutes Verhältnis mit seinem Chef haben
5. wir: während der Mittagspause immer einkaufen gehen
6. Helmut und Andreas: mit dem Firmenwagen in Urlaub fahren
7. Hanna und Beate: ihre Chefin mit Vornamen ansprechen
8. ich: jeden Tag gute Laune haben

10 | **Die neue Stelle (Konjunktiv II)**

CD 1: 33

Sie sind gerade von einem Vorstellungsgespräch zurückgekommen. Wie wäre es für Sie an der neuen Stelle? Beantworten Sie die Fragen im Konjunktiv und benutzen Sie dabei die vorgegeben Elemente.

Sie hören: Wo könnten Sie arbeiten?
Sie lesen: können: mitten im Stadtzentrum
Sie sagen: Ich könnte mitten im Stadtzentrum arbeiten.
Sie hören: Aha, Sie könnten mitten im Stadtzentrum arbeiten.

1. können: mitten im Stadtzentrum arbeiten
2. können: meine Kollegen duzen
3. dürfen: keine lange Mittagspause machen
4. müssen: jeden Tag um 7 Uhr in der Arbeit sein
5. dürfen: nicht zu spät kommen
6. können: mit der S-Bahn dahin fahren

Schriftliches

11 | **Alles im Konjunktiv (Konjunktiv II, Konjunktiv der Vergangenheit)**

Schreiben Sie die passende Form des Konjunktiv II und des Konjunktiv der Vergangenheit für jedes gegebene Verb. Benutzen Sie die dritte Person Singular. Bei welchen Verben müssen Sie die Konjunktivform benutzen, und bei welchen Verben können Sie **würden** + *Infinitiv* benutzen?

Infinitiv	Konjunktiv II	Konjunktiv der Vergangenheit
(z.B.) haben	*hätte*	*hätte gehabt*
laufen	*würde laufen*	*wäre gelaufen*
1. hören		
2. sagen		
3. sprechen		
4. warten		
5. wissen		
6. gehen		
7. arbeiten		
8. kommen		
9. vermeiden		
10. lernen		
11. sein		
12. bringen		
13. essen		
14. schlafen		
15. tragen		
16. trinken		
17. werden		
18. reisen		
19. studieren		
20. lernen		

12 | Wenn ich zur Generation Golf gehören würde . . . (Konjunktiv II)

Benutzen Sie die Elemente, um zu beschreiben, wie es wäre, wenn Sie Teil der Golf-Generation wären.

 ich: nie selber kochen →

Ich würde nie selber kochen.

1. meine Freunde und ich: jedes Wochenende einkaufen gehen

    _____

2. ich: meine Kleidung bügeln

    _____

3. ich: immer sehr gepflegt aussehen

    _____

4. meine Freunde: einen guten Geschmack haben

    _____

5. ich: mich für Höflichkeit interessieren

    _____

6. meine Generation: viel über Wassersorten wissen

    _____

7. ich: gerne einen Golf fahren

    _____

13 | In Hamburg aufgewachsen (Konjunktiv der Vergangenheit)

Wie wäre es, wenn Sie in Hamburg aufgewachsen wären? Benutzen Sie die Elemente und schreiben Sie Sätze im Konjunktiv der Vergangenheit.

 (ich / am Hafen / spielen) →

Wenn ich in Hamburg aufgewachsen wäre, hätte ich am Hafen gespielt.

1. (ich / die Schiffe im Hafen / sehen)

    _____

2. (ich / oft / an die Nordsee / gehen)

    _____

3. (mein Vater / vielleicht / in der Medienbranche / arbeiten)

    _____

4. (ich / in einer Hansestadt / wohnen)

_____

5. (ich / den ganzen Tag / Deutsch sprechen)

_____

14 | Nochmal Generation Golf (Konjunktiv der Vergangenheit)

Hätten Sie alles wie die Golf-Generation gemacht, oder hätten Sie alles anders gemacht? Benutzen Sie den Konjunktiv der Vergangenheit und seien Sie kreativ!

z.B. **Die Golf Generation hat ihre Zigaretten nicht selbst gedreht. →**

Ich hätte keine Zigaretten geraucht.

[oder]

Ich hätte meine Zigaretten auch selbst gedreht.

1. Die Generation Golf hat auf die Tischmanieren geachtet.

_____

2. Die Generation Golf hat nur Butter und Bier im Kühlschrank gehabt.

_____

3. Die Generation Golf hat San Pellegrino getrunken.

_____

4. Die Generation Golf ist oft ins Restaurant gegangen.

_____

5. Die Generation Golf hat immer Designer-Kleidung getragen.

_____

6. Die Generation Golf ist gerne einkaufen gegangen.

_____

C. LESEN

Deutsche Welle

Die *Deutsche Welle* ist die offizielle deutsche Medienorganisation, die Informationen und Nachrichten aus Deutschland in mehr als dreißig Sprachen in die ganze Welt überträgt (*broadcasts*). Das *Deutsche Welle* Unternehmen besteht aus dem Fernsehsender DW-TV, dem Radiosender DW-RADIO und der Webseite DW-WORLD.DE.

Mehr als 1500 Mitarbeiter in über 60 Ländern produzieren mit neuester digitaler Technologie eine Vielzahl von Programmen. Zum Beispiel produziert DW-RADIO Sendungen auf Deutsch, Englisch, Russisch and Chinesisch aber auch in Sprachen wie Amharisch, Urdu, Bengali und Ukrainisch.

Für eine multilinguale Organisation wie *Deutsche Welle* spielt die online DW-ACADEMY, die von DW-WORLD.DE angeboten wird, eine wichtige Rolle. Durch die DW-ACADEMY werden Radiomitarbeiter und Journalisten in Entwicklungsländern (*developing countries*) und auch in Osteuropa via Internet ausgebildet.

Die DW-TV Fernsehprogramme auf Deutsch, English und Spanisch werden von Berlin aus ausgestrahlt. Zusätzlich gibt es regionale Programme zur Zeit auch noch auf Spanish, Arabisch und für Afghanistan in den Sprachen Dari and Pashto.

Die Mission der *Deutschen Welle* ist, deutsche und andere Positionen zu wichtigen Themen aus Politik, Kultur und Wirtschaft zu verbreiten und in Europa und in der Welt das Verständnis (*understanding*) zwischen den Kulturen zu fördern. Für Deutsche, die im Ausland leben, ist die *Deutsche Welle* oft die einzige Verbindung mit der Heimat und mit der deutschen Sprache.

15 | Richtig oder falsch?

Kreuzen Sie an, ob die Aussagen richtig (R) oder falsch (F) sind. Verbessern Sie die falschen Aussagen.

		R	F
1.	Die *Deutsche Welle* besteht aus einem Fernsehsender, einem Radiosender und einer Internetpräsenz.	❑	❑
2.	Alle Fernseh- und Radioprogramme sind auf Deutsch.	❑	❑
3.	Radiomitarbeiter und Journalisten in Entwicklungsländern werden über das Internet ausgebildet.	❑	❑
4.	Das Fernsehen der *Deutschen Welle* kommt aus Hamburg.	❑	❑
5.	Die *Deutsche Welle* versucht mit ihren Programmen, das interkulturelle Verständnis zu fördern.	❑	❑
6.	Für im Ausland lebende Deutsche kann die *Deutsche Welle* die einzige Verbindung mit der deutschen Kultur sein.	❑	❑

16 | Ergänzungen

Ergänzen Sie die Sätze. Setzen Sie die fehlenden Wörter in die Lücken ein.

Deutsche • deutschen • Fernsehprogramme • Journalisten • Programmen • Sprachen

1. Die *Deutsche Welle* überträgt Informationen und Nachrichten aus Deutschland in mehr als dreißig

_____ in die ganze Welt. 2. Mehr als 1500 Mitarbeiter in über 60 Ländern produzieren

mit neuester digitaler Technologie eine Vielzahl von _____. 3. Viele internationale

Radiomitarbeiter und _____ werden via Internet ausgebildet. 4. Aus Berlin kommen die

DW-TV _____ auf Deutsch, English und Spanisch. 5. Für _____ ,

die im Ausland leben, ist die *Deutsche Welle* oft die einzige Verbindung mit der Heimat und mit der

_____ Sprache.

D. SCHREIBEN

17 | Mein Promi-Leben

Schritt 1: Stellen Sie sich vor, Sie wären auch so prominent wie Sabine Christiansen. Was für Möglichkeiten hätten Sie im Leben?

1. Was könnten Sie tun?

   _____

   _____

2. Was sollten Sie tun?

   _____

   _____

3. Was hätten Sie als Prominente(r)?

   _____

   _____

Schritt 2: In dem Interview mit Sabine Christiansen wurde der Medienfrau diese Frage gestellt:

Ihr Name ist mittlerweile ein großes Kapital. Sie könnten, nach dem Vorbild der amerikanischen Talkmasterin Oprah Winfrey, die Marke ausbauen, eine eigene Zeitschrift herausgeben, Spezial-Sendungen produzieren ...

Würden Sie auch ihren Namen als Marke anwenden, oder wären Sie eher vorsichtig wie Sabine? Was würden Sie auf **jeden** Fall machen, und was würden Sie auf **keinen** Fall machen? Machen Sie zwei Listen von Verben und Verb-phrasen, und schreiben Sie auch die Konjunktiv II Formen dazu.

1. Was würden Sie auf **jeden** Fall machen?

Verben		**Konjunktiv II**
kämpfen	Ich würde auf jeden Fall ...	*für die Umwelt kämpfen.*
_____		_____
_____		_____
_____		_____
_____		_____

2. Was würden Sie auf **keinen** Fall machen?

Verben		**Konjunktiv II**
herausgeben	Ich würde auf keinen Fall ...	_eine Zeitschrift herausgeben._
_____		_____
_____		_____
_____		_____
_____		_____

Schritt 3: Jetzt schreiben bringen Sie ihre Ideen von Schritt 1 und 2 zusammen, um einen kurzen Aufsatz über Ihr Leben als Prominente(r) zu beschreiben. Sie sollten auch neue Information einbringen, z.B. warum würden Sie die Dinge tun? Warum nicht?

_____

_____

_____

_____

_____

_____

_____

_____

_____

_____

_____

_____

_____

_____

_____

_____

_____

_____

Station

Leipzig 5

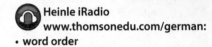

Heinle iRadio
www.thomsonedu.com/german:
• word order

A. WORTSCHATZ

Mündliches

Hören

1 | Station Leipzig

CD 1:
34

Kreuzen Sie an, welche Wörter Sie hören.

❏ Wahrzeichen   ❏ Ausgangspunkt

❏ Erbe   ❏ Veranstaltung

❏ Konzertorchester   ❏ Wiedervereinigung

❏ Hauptstadt   ❏ Renovierung

❏ Messe   ❏ Gründerzeit

❏ Jubiläum   ❏ Sanierung

❏ Universität   ❏ Villa

❏ Wohnort   ❏ Abriss

2 | „Die Prinzen"

CD 1:
35

Hören Sie zu und ergänzen Sie die Lücken.

Leipzig ist nicht nur für seine schönen (1) _____ aus der Gründerzeit bekannt,

sondern auch als Musikstadt. Auf der (2) _____ des Leipziger Gewandhaus hatte

beispielsweise Clara Schumann ihren ersten (3) _____ . Auch die Mitglieder der

bekannten Pop-Gruppe „die Prinzen" kommen aus Leipzig. Ursprünglich hießen sie „Herzbuben," aber nach der

(4) _____ nannte sich die Gruppe um und (5) _____ es

schnell, in ganz Deutschland Erfolg zu haben. Ihre erste Single, „Gabi und Klaus," (6) _____

sich zu einem riesigen Hit. 1997 (7) _____ „die Prinzen" bei der Aktion „Helfen statt

Hauen" gegen den Rechtsradikalismus _____ und 2006 feierten sie ihr 15-jähriges

(8) _____ .

Sprechen

3 | Fragen über Leipzig

CD 1:
36

Sie hören sechs Fragen über Leipzig. Benutzen Sie bei Ihren Antworten die vorgegebenen Elemente.

Sie hören:	Wo hatte Clara Schumann ihren ersten Auftritt?
Sie lesen:	im Leipziger Gewandhaus
Sie sagen:	Clara Schumann hatte ihren ersten Auftritt im Leipziger Gewandhaus.
Sie hören:	Richtig, Clara Schumann hatte ihren ersten Auftritt im Leipziger Gewandhaus.

1. im Leipziger Gewandhaus
2. Gebäude aus der Gründerzeit
3. um die Jahrhundertwende
4. gegen die Regierung der DDR
5. friedlich
6. auf dem Messegelände

4 | Auf nach Leipzig (Redemittel)

CD 1:
37

Sie wollen mit einer Gruppe Leipzig besuchen. Benutzen Sie bei Ihren Antworten die vorgegebenen Elemente.

Sie hören:	Es gibt so viel zu entdecken in Leipzig. Morgen wollen wir die Stadt besichtigen. Was schlägst du vor ?
Sie lesen:	Ich schlage vor: zuerst / in einem Café / frühstücken
Sie sagen:	Ich schlage vor, zuerst in einem Café zu frühstücken.
Sie hören:	Aha, du schlägst also vor, zuerst in einem Café zu frühstücken.

1. Ich schlage vor: zuerst / in einem Café / frühstücken
2. Ich würde vorschlagen: dann / einen Spaziergang durch die Innenstadt / machen
3. Es wäre keine schlechte Idee: in Auerbachs Keller / Mittag / essen
4. Wie wäre es: die Nikolaikirche / besichtigen
5. Es wäre auch schön: das Wohnhaus von Felix Mendelssohn-Bartholdy / besuchen
6. Es wäre ratsam: nicht zu spät / ins Hotel / zurückgehen

Schriftliches

5 | Wohnprobleme in Leipzig

Ergänzen Sie die Lücken mit den folgenden Verben aus dem Wortschatz.

abreißen • sich . . . entwickeln • pflegen • schaffen • schlagen . . . vor • stehen . . . leer • vernachlässigt • versuchen

1. Während der Zeit der DDR wurden die alten Häuser _____ , weil die Leute in Wohnanlagen außerhalb der Stadt gewohnt haben.

2. Viele alte Wohnungen _____ jetzt _____ , weil sie keine Zentralheizung oder heißes Wasser haben.

3. Ständig _____ die Stadtplaner, das Problem zu lösen.

4. Sollen sie die alten Gebäude _____ , um neue Stadtviertel bauen zu können?

5. Sollen sie die alten Häuser _____ , damit sie wieder besser aussehen?

6. Sollen sie neue Wohnmöglichkeiten _____ ?

7. Wie wird _____ Leipzig in den kommenden Jahren _____ ?

8. Was _____ Sie der Stadt _____ ?

---

6 | Was gehört zusammen?

Finden Sie eine passende Beschreibung für jedes Wort und schreiben Sie den entsprechenden Buchstaben daneben.

1. _____ die Bühne

2. _____ die Gebühr

3. _____ die Messe

4. _____ der Müll

5. _____ die Oper

6. _____ die Sanierung

7. _____ das Stadthaus

8. _____ die Einnahmen

9. _____ das Jubiläum

10. _____ der Westen

a. hier kann man ein Werk von Wagner hören

b. eine besondere Feier

c. was man verdient

d. die BRD

e. wo Clara Schumann Klavier spielte

f. was man bezahlen muss

g. eine Renovierung

h. hier kann man wohnen

i. was man in die Mülltonne tut

j. eine große Veranstaltung, auf der Produkte gezeigt werden

B. STRUKTUREN

Mündliches

Hören

7 | Lokalnachrichten (Konjunktiv I)

CD 1: 38

Ein Freund liest Ihnen die Lokalnachrichten aus der Zeitung vor. Kreuzen Sie an, ob die Aussagen richtig (R) oder falsch (F) sind. Verbessern Sie die falschen Aussagen.

	R	F
1. In der Zeitung steht, bei einem Bankraub in der Leipziger Innenstadt habe man 50.000 Überweisungsformulare gestohlen.	☐	☐
2. In der Zeitung steht, Angela Merkel habe auf dem Augustusplatz eine Rede gehalten.	☐	☐
3. In der Zeitung steht, ein Wissenschaftler der Universität sei für den Nobelpreis nominiert worden.	☐	☐

	R	F
4. In der Zeitung steht, das MDR Symphonieorchester gebe ein Konzert im Gewandhaus.	❏	❏
5. In der Zeitung steht, im Naturkundemuseum werde eine Sonderausstellung zum Thema „Mensch und Natur" eröffnet.	❏	❏
6. In der Zeitung steht, morgen hätten alle Kinder hitzefrei.	❏	❏

8 Reise nach Leipzig (Satzarten)

CD 1: 39

Stefan und Stephanie reisen nach Leipzig. Hören Sie zu und verbinden Sie die passenden Satzteile.

1. Stefan und Stephanie reisen nach Leipzig, _____

2. Stefan muss unbedingt die Thomaskirche besuchen, _____

3. Stephanie möchte das Gewandhausorchester hören _____

4. Stefan würde gern die Universität besichtigen, _____

5. Am Abend gehen sie nicht ins Konzert, _____

6. Bei der Rückfahrt schlägt Stefan vor, _____

a. aber Stephi hat gar keine Lust.

b. und sie will auch in die Oper gehen.

c. weil sie sich für Musik interessieren.

d. dass sie das nächste Mal auf die Buchmesse gehen könnten.

e. denn Bach hat da als Musikdirektor gearbeitet.

f. sondern besuchen die „Mephistobar" in Auerbachs Keller.

Sprechen

9 Montagsdemonstrationen (Konjunktiv I)

CD 1: 40

Was haben Sie über die Montagsdemonstrationen gehört? Benutzen Sie bei Ihren Antworten die vorgegebenen Elemente und den Konjunktiv I.

Sie hören: Was haben Sie über die Montagsdemonstrationen gehört?

Sie lesen: . . . sie seien ein wichtiger Teil in der Geschichte der Wende.

Sie sagen: Ich habe gehört, sie seien ein wichtiger Teil in der Geschichte der Wende.

Sie hören: Aha, Sie haben gehört, die Montagsdemonstrationen seien ein wichtiger Teil der Wende.

1. . . . sie seien ein wichtiger Teil in der Geschichte der Wende.

2. . . . die erste Demonstration habe am 4. September 1989 stattgefunden.

3. . . . das sei der traditionelle Termin der Friedensgebete in den Leipziger Kirchen.

4. . . . einen Monat später sei dann die erste Massendemonstration gewesen.

5. . . . einige prominente Leipziger hätten ein Eingreifen des Staats verhindert.

6. . . . einer der Prominenten sei der ehemalige Gewandhauskapellmeister Kurt Masur gewesen.

7. . . . es gebe auch heute wieder Montagsdemonstrationen in Leipzig.

CD 1: 41

10 | Leipziger Allerlei (Konjunktiv I)

Was haben Sie im Reiseführer über Leipzig gelesen? Beantworten Sie die Fragen mit dem Konjunktiv I und benutzen Sie dabei die vorgegeben Elemente.

Sie hören:	Was haben Sie über Leipzig gelesen?
Sie lesen:	Die Stadt hat über eine halbe Million Einwohner.
Sie sagen:	Die Stadt habe über eine halbe Million Einwohner.
Sie hören:	Aha, Sie haben gelesen, die Stadt habe über eine halbe Million Einwohner.

1. Die Stadt hat über eine halbe Million Einwohner.
2. Die Stadt ist ein historisches Zentrum des Buchdrucks.
3. Leipzig ist Hauptsitz des Mitteldeutschen Rundfunks.
4. Man kann bekannte Kabarettgruppen wie „die Akademixer" sehen.
5. Es gibt fünf bekannte Chöre in Leipzig.
6. Leipziger Allerlei ist ein Regionalgericht aus gemischtem Gemüse.
7. Die schwarze Szene trifft sich jedes Jahr zum Wave-Gotik-Treffen.
8. Die alternative Messe zur Popkultur heißt „Pop Up."

Schriftliches

11 | Ein Verbrechen in Leipzig! (Konjunktiv I)

Bei Herrn Hüber wurde eingebrochen! Seine geliebte Originalkomposition von Bach wurde gestohlen! Aber wer hat es getan? Die folgenden Leute sind im Verdacht. Schreiben Sie ihre Reaktionen auf die Anklage (*accusation*) im Konjunktiv I.

1. Die Klavierlehrerin: „Ich bin nicht schuldig!"

   Sie sagt, _____

2. Der Sohn: „Die Polizei hat kein Recht, mich zu verdächtigen!"

   Er sagt, _____

3. Der Briefträger: „Ich kenne den Mann überhaupt nicht!"

   Er sagt, _____

4. Frau Hüber: „Er ist aber mein Mann!"

   Sie sagt, _____

5. Die Vermieterin: „Herr Hüber lügt!"

   Sie sagt, _____

6. Der Zeitungsjunge: „Ich habe nichts damit zu tun!"

   Er sagt, _____

12 Ein gutes Alibi (Konjunktiv I)

Die Verdächtigen (*suspects*) erzählen, was sie um die Zeit des Verbrechens gemacht haben. Benutzen Sie den Konjunktiv I.

1. Der Nachbar: „Ich war den ganzen Tag lang in der Kneipe.“

   Er sagte, _____

2. Der Sohn: „Ich habe in der Bibliothek gelernt.“

   Er sagte, _____

3. Der Briefträger: „Ich bin natürlich durch die Nachbarschaft gelaufen.“

   Er sagte, _____

4. Frau Hüber: „An diesem Nachmittag habe ich einen Einkaufsbummel gemacht.“

   Sie sagte, _____

5. Die Vermieterin: „Ich habe um diese Zeit geschlafen.“

   Sie sagte, _____

6. Der Zeitungsjunge: „Ich bin nicht sicher, wo ich war.“

   Er sagte, _____

13 Ein Liebesbrief (Konjunktiv I)

Lesen Sie die folgenden Zitate von Robert Schumanns Liebesbrief an Clara. Schreiben Sie dann die Zitate in der indirekten Rede (Konjunktiv I).

 Ich liebe dich so sehr. →

   Er schrieb, er liebe sie so sehr.

1. Ich will immer bei dir sein.

   _____

2. Du bist mir wichtiger als die ganze Musik der Welt.

   _____

3. Ohne dich kann ich nicht leben.

   _____

4. Wir sollen heiraten, auch ohne die Zustimmung deines Vaters.

   _____

5. Deine Augen bezaubern mich.

   _____

6. Ein Leben ohne dich hat keinen Sinn.

_____

7. Deine Eltern verstehen unsere Liebe nicht.

_____

8. Ich hoffe, dass du mich auch so liebst.

_____

14 | Zitate verschiedenster Art (Satzarten)

Finden Sie ein Ende für jeden Satzanfang. Dann schreiben Sie den passenden Buchstaben neben die Zahl. Achten Sie dabei auf den Satztyp.

1. Bleibt daher fest _____ .

2. Die Blumen sind für alle Leipziger, _____ .

3. Die Nikolaikirche, _____ .

4. In keinem Moment jener zwei Stunden, _____ .

5. Wir mussten verhindern, _____ .

6. Als der Zug fast vorbei ist, _____ .

7. Wir sind von der Entwicklung in unserer Stadt betroffen _____ .

8. Wir bitten Sie dringend um Besonnenheit, _____ .

a. in der um 17 Uhr das traditionale Friedensgebet beginnt, hat bereits eine halbe Stunde zuvor keinen Platz mehr frei

b. und wir suchen nach einer Lösung

c. die in den letzten Wochen verhaftet wurden, weil sie sich in Demokratie geübt hatten

d. damit der friedliche Dialog möglich wird

e. ertönt plötzlich ein Appell (*appeal*)

f. die der Zug rund die City dauert, kommt das Gefühl von Gefahr oder Konfrontation

g. und lasst euch nicht von neuem das Joch der Knechtschaft auflegen

h. dass etwas zerstört wird

C. LESEN

Auerbachs Keller und die Legende von Dr. Faust

Auerbachs Keller ist das bekannteste Restaurant in Leipzig. Es liegt unter der Mädlerpassage in der Grimmaischen Straße direkt im Zentrum der Stadt. Schon seit 1525 wird dort Wein ausgeschenkt. Der ursprüngliche (*original*) Besitzer war ein Medizinprofessor namens Dr. Heinrich Stromer. Weil er aus einem Ort namens Auerbach kam, nannte man ihn „Dr. Auerbach" und sein Weinlokal wurde deshalb „Auerbachs Keller" genannt.

Der Große Keller wurde 1913 renoviert, als die Mädlerpassage gebaut wurde. Aber die vier kleineren, historischen Stuben verraten das wirkliche Alter dieses Restaurants: Es gibt den *Fasskeller*, das *Lutherzimmer*, das *Goethezimmer* und die Stube *Alt-Leipzig*. Wer in den historischen Gaststuben essen und trinken möchte, sollte seinen Platz vorher reservieren lassen, denn Auerbachs Keller ist ein beliebtes Ziel für Touristen.

Auerbachs Keller ist vor allem bekannt geworden, weil er in Goethes Drama *Faust* vorkommt. Goethe hat von 1765 bis 1768 in Leipzig studiert und war selbst oft in Auerbachs Keller. Dort sah Goethe Bilder über die Legende von Dr. Johann Faust, von dem man erzählte, er sei im Jahr 1525 auf einem Fass aus dem Keller geritten.

Dieser Legende nach sagt man, Dr. Faust sei 1525 als Professor für Magie in Wittenberg gewesen und sei mit einigen Studenten nach Leipzig gekommen, um die Messe zu besuchen. Als sie an Auerbachs Keller vorbeikamen, sahen sie ein paar Männer ein Weinfass aus dem Keller tragen. Man sagt, Faust hätte sich über die Männer lustig gemacht und behauptet, er könne das Fass alleine aus dem Keller transportieren. Der Wirt soll ihm das Fass versprochen haben, wenn er es alleine aus dem Keller schafft. Also habe sich Faust auf das Fass gesetzt, und sei darauf hinaus auf die Straße geritten.

15 | Definitionen

Wählen Sie jeweils die passenden Definitionen für die folgenden Begriffe:

1. Auerbachs Keller _____

   a. historisches Restaurant in Leipzig

   b. Weinkeller unter der Nikolaikirche

   c. alchemistisches Laboratorium des Dr. Faust

2. Heinrich Stromer _____

   a. wandernder Magier

   b. Medizinprofessor und Besitzer von Auerbachs Keller

   c. Figur in Goethes Drama *Faust*

3. Goethezimmer _____

   a. exklusives Zigarrengeschäft in der Mädlerpassage

   b. literarisches Museum in Leipzig

   c. historische Gaststube in Auerbachs Keller

4. Dr. Johann Faust _____

   a. Medizinprofessor aus Leipzig, der mit seinen Studienfreunden regelmäßig in Auerbachs Keller saß

   b. Mann, von dem man erzählt, er sei als Professor für Magie in Wittenberg gewesen und 1525 auf einem Fass aus Auerbachs Keller geritten

   c. Freund Goethes aus seiner Studienzeit in Leipzig, der nach seinem Studium das Lokal „Auerbachs Keller" eröffnete

16 | Satzteile verbinden

Bilden Sie aus den folgenden Satzteilen sinnvolle Sätze.

1. Die Mädlerpassage liegt _____ .

2. Der Medizinprofessor Heinrich Stromer nannte sich Auerbach, _____ .

3. Als die Mädlerpassage gebaut wurde, _____ .

4. Wenn man in den historischen Stuben essen möchte, _____ .

5. Man sagt als Dr. Faust als Magier in Wittenberg war, _____ .

6. Goethe war oft in Auerbachs Keller, _____ .

7. Goethe hat in Auerbachs Keller Bilder gesehen, _____ .

a. sollte man einen Tisch reservieren

b. sei er mit ein paar von seinen Studenten nach Leipzig auf die Messe gekommen

c. die die Legende von Dr. Faust illustrieren

d. als er in Leipzig studierte

e. weil er aus Auerbach kam

f. direkt im Zentrum von Leipzig

g. wurde der Große Keller umgebaut

17 | Wahrheit oder Legende?

Sagen Sie, ob die folgenden Sätze wahr sind (man weiß sicher, dass es stimmt), oder ob sie Teil einer Legende sind (man weiß nicht, ob es wahr ist).

	Wahrheit W	Legende L
1. Auerbachs Keller ist das bekannteste Restaurant in Leipzig.	☑	☐
2. Dr. Faust war 1525 als Professor für Magie in Wittenberg.	☐	☑
3. Schon 1525 wurde in Auerbachs Keller Wein ausgeschenkt.	☐	☐
4. Heinrich Stromer kam aus Auerbach.	☐	☐
5. Als Faust und seine Studenten an Auerbachs Keller vorbeikamen, sahen sie ein paar Männer mit einem Weinfass.	☐	☐
6. Faust ist auf dem Fass aus dem Keller geritten.	☐	☐
7. Durch Goethes *Faust* ist Auerbachs Keller bekannt geworden.	☐	☐
8. 1913 ist der Große Keller renoviert worden.	☐	☐

D. SCHREIBEN

18 | Chronik eines Verbrechens

Sie haben schon von dem Verbrechen bei Herrn Hüber gelesen. Sie haben auch die Reaktionen und Alibis von den Verdächtigen gelesen. Jetzt schreiben Sie Ihren eigenen Polizeibericht.

Schritt 1: Im weiteren Gespräch stellt der Polizist Fragen über Herrn Hüber. Wählen Sie eine der Personen (den Nachbarn, den Sohn, den Briefträger, Frau Hüber, die Vermieterin, den Zeitungsjungen) und schreiben Sie eine Antwort auf jede Frage. Benutzen Sie dabei die erste Person Singular (**ich**).

POLIZIST: Sehen Sie Herrn Hüber oft?

_____

_____

POLIZIST: Was für eine Person ist Herr Hüber?

_____

_____

POLIZIST: Was für eine Beziehung haben Sie zu Herrn Hüber?

_____

_____

POLIZIST: Haben Sie irgendein Problem mit Herrn Hüber?

_____

_____

Schritt 2: Die verdächtigte Person hat auch noch die Möglichkeit ihr Alibi ausführlich (im Detail) zu erklären. Schreiben eine kurze Beschreibung darüber, was diese Person am Nachmittag des Verbrechens gemacht hat.

POLIZIST: Was haben Sie an diesem Nachmittag gemacht?

_____

_____

_____

_____

_____

_____

_____

_____

_____

_____

Schritt 3: Benutzen Sie die obengeschriebenen Antworten, um einen Polizeibericht zu schreiben. Sie sollen dabei den Konjunktiv I benutzen. Denken Sie auch an Tempus. Sie könnten vielleicht die folgenden Verben benutzen:

antworten • behaupten (*to claim*) • erklären • erzählen • sagen

_____

_____

_____

_____

_____

_____

_____

_____

_____

Station

Frankfurt 6

Heinle iRadio
www.thomsonedu.com/german:
- compound nouns
- der **Mann** vs. **man**

A. WORTSCHATZ

Mündliches

Hören

CD 1:
42

1	Station Frankfurt

Ergänzen Sie die Lücken mit den Wörtern, die Sie hören.

In Frankfurt sind viele internationale Banken (1) _____ , und das Stadtbild wird

von vielen Wolkenkratzern bestimmt. (2) _____ ein Drittel der Bevölkerung in

Frankfurt besteht aus ausländischen Bürgern, und das internationale Flair der Stadt kann man auf den Straßen

(3) _____ . Für diese multikulturelle (4) _____

gibt es sogar ein offizielles Amt für multikulturelle (5) _____ . Der Frankfurter

(6) _____ ist der größte in Deutschland und ein zentrales Drehkreuz für den

europäischen Luftverkehr. Auf der alljährlichen stattfindenden internationalen Buchmesse findet man

(7) _____ Verlage und (8) _____ aus der ganzen Welt.

CD 1:
43

2	Die Buchhändlerschule

Sie hören einen Bericht über die Frankfurter Buchhändlerschule. Kreuzen Sie an, ob die Aussagen richtig (R) oder falsch (F) sind. Verbessern Sie die falschen Aussagen.

	R	F
1. Die Buchhändlerschule wurde 1962 eröffnet.	❏	❏
2. Das Schulgebäude ist ein Hochhaus.	❏	❏
3. Zweihundertsechzig Auszubildende werden auf das Berufsleben vorbereitet.	❏	❏
4. In der Ausbildung sind Theorie und Praxis getrennt.	❏	❏

	R	F

5. Viele Schüler mögen die gemütliche Atmosphäre und die Umgebung, in der man schöne Spaziergänge machen kann. ☐ ☐

6. Es gibt regelmäßig internationale Kooperationen. ☐ ☐

Sprechen

3 | Wo kann man das machen?

CD 1: 44

Sie hören sechs Fragen. Benutzen Sie bei Ihren Antworten die vorgegebenen Elemente.

Sie hören: Wo kann man schwimmen gehen?
Sie lesen: in einer Badeanstalt
Sie sagen: In einer Badeanstalt kann man schwimmen gehen.
Sie hören: Richtig, in einer Badeanstalt kann man schwimmen gehen.

1. in einer Badeanstalt
2. am Flughafen
3. auf der internationalen Buchmesse
4. im Dampfbad
5. am Strand
6. im Fluss

4 | Fragen über Frankfurt

CD 1: 45

Sie hören sechs Fragen über Frankfurt. Benutzen Sie bei Ihren Antworten die vorgegebenen Elemente.

Sie hören: Wo wird mit Aktien gehandelt?
Sie lesen: an der Frankfurter Börse
Sie sagen: An der Frankfurter Börse wird mit Aktien gehandelt.
Sie hören: Genau, an der Frankfurter Börse wird mit Aktien gehandelt.

1. an der Frankfurter Börse
2. ein Drittel aller Bürger
3. der Main
4. der Buchhandel
5. Wolkenkratzer und Gründerzeitbauten
6. Amt für multikulturelle Angelegenheiten

Schriftliches

5 | Das erste Mal im deutschen Schwimmbad

Ergänzen Sie die Lücken in dem Dialog mit passenden Wörtern von der Liste.

Angelegenheit • Badeanstalt • Freizügigkeit • Körperkultur • oben ohne • Oberteil • Schwimmbekleidung • überrascht

BERNDT: Das ist aber eine schöne (1) _____ . Es gibt zwei Schwimmbäder und auch ein

Planschbecken (*wading pool*) für die Kinder.

JASON: Hey, Berndt! Da ist jemand (2) _____ ! Die Frau trägt ja

kein (3) _____ ! Also von der (4) _____ hier

bin ich ja ganz schön (5) _____ .

BERNDT: Das ist eben eine andere (6) _____ in Deutschland. Der menschliche Körper ist für

manche eben was ganz natürliches.

JASON: Die (7) _____ für Männer ist auch sehr merkwürdig.

Trägst du diese kleine Badehose gern?

BERNDT: Die tragen doch alle hier. Das ist eine ganz normale Badehose. Und was ich zum Schwimmen anziehe ist

doch meine (8) _____ !

6 | Fragen an Sie

Was glauben Sie? Schreiben Sie eine kurze Antwort mit Ihrer Meinung zu jeder Frage.

1. Sollen Wolkenkratzer ökologisch gebaut werden?

   _____

2. Was soll man zensieren?

   _____

3. Ist der Buchdruck die wichtigste Erfindung (*invention*) aller Zeiten?

   _____

4. Haben Sie schon einmal einen Flug tatsächlich genossen?

   _____

5. Wie viele deutsche Flüsse können Sie nennen?

   _____

6. Soll Einbürgerung in Deutschland einfacher gemacht werden?

   _____

B. STRUKTUREN

Mündliches

Hören

7 Die Stadtratssitzung (Passiv)

CD 1:
46   Sie hören einen Bericht über eine Stadtratssitzung in Frankfurt. Kreuzen Sie an, ob die Aussagen richtig (R) oder falsch (F) sind. Verbessern Sie die falschen Aussagen.

		R	F
1.	Gestern wurde die letzte Sitzung des Frankfurter Stadtrats abgehalten.	❑	❑
2.	Um 11 Uhr wurde die Sitzung eröffnet.	❑	❑
3.	Ein neues Konzept zur Bekämpfung der Arbeitslosigkeit wurde bei der Sitzung vorgestellt.	❑	❑
4.	Während der Sitzung wurde nicht viel gesprochen.	❑	❑
5.	Ein neuer Plan wurde gefordert.	❑	❑
6.	Nach der Sitzung wurden Kaffee und Kuchen serviert.	❑	❑

8 Kulturstadt Frankfurt (Passiv)

CD 1:
47 Hören Sie gut zu und ergänzen Sie die Lücken.

Für die Kultur (1) _____ in Frankfurt viel _____ . Im

Internet gibt es ein Kulturportal, wo über das gesamte Angebot der Stadt (2) _____

_____ . Zum Beispiel findet seit 1998 alljährlich ein Kunstsupermarkt statt, bei

dem mit der Einrichtung und den günstigen Preisen eines Supermarkts (3) _____

_____ . Von 40 Künstlern (4) _____ hier

jeweils mindestens 40 verschiedene Objekte _____ . Die Frankfurter Oper

(5) _____ 2003 vom Fachmagazin *Opernwelt* zum „Opernhaus des Jahres"

_____ , und an Einrichtungen wie etwa Dr. Hochs Konservatorium

(6) _____ jedes Jahr viele junge Musiker _____ . Zu den

berühmten Schülerinnen und Schülern dieser Musikakademie (7) _____ übrigens auch

Clara Schumann _____ . Auch Design hat einen wichtigen Stellenwert im kulturellen

Leben der Stadt: beispielsweise (8) _____ die Fachzeitschrift *Form*, die führende

deutschsprachige Publikation für Industriedesign, Grafikdesign und Multimedia, bereits seit 1957 in Frankfurt

_____ .

Sprechen

9 | In Frankfurt (Passiv)

CD 1: 48

Was wird an diesen Orten gemacht? Benutzen Sie bei Ihren Antworten die vorgegebenen Elemente und das Passiv.

Sie hören: Was wird im Frankfurter Filmmuseum gemacht?

Sie lesen: im Filmmuseum: Filme und Ausstellungen / zeigen

Sie sagen: Im Frankfurter Filmmuseum werden Filme und Ausstellungen gezeigt.

Sie hören: Genau, im Frankfurter Filmmuseum werden Filme und Ausstellungen gezeigt.

1. im Filmmuseum: Filme und Ausstellungen / zeigen
2. in der Commerzbank Arena: Fußball / spielen
3. im Tigerpalast: Varieté / präsentieren
4. an der Johann Wolfgang Goethe-Universität: Vorlesungen und Seminare / halten
5. im Rathaus am Römerberg: über Politik / diskutieren
6. in der Werkstatt Frankfurt: über den Arbeitsmarkt / informieren

10 | Im Hotel Frankfurter Hof (Passiv)

CD 1: 49

Sie haben eine neue Stelle im Frankfurter Hof. Der Chef fragt, ob sie auch alle Regeln und Pflichten verstanden haben. Antworten Sie im Passiv und benutzen Sie dabei die vorgegeben Elemente.

Sie hören: Was muss heute alles gemacht werden?

Sie lesen: müssen / die Zimmer / aufräumen

Sie sagen: Die Zimmer müssen aufgeräumt werden.

Sie hören: Genau, die Zimmer müssen aufgeräumt werden.

1. müssen / die Zimmer / aufräumen
2. nicht dürfen / prominente Gäste / stören
3. nicht können / während der Arbeit / singen
4. sollen / Schokoladenherzen auf die Kopfkissen / legen
5. müssen / die Handtücher / waschen
6. können / Feierabend / machen

Schriftliches

11 | In diesem Kapitel . . . (Passiv)

Ergänzen Sie die Lücken mit der richtigen Passivform des Verbs in Klammern.

z.B. Viel _____ über Frankfurt _____ . (reden)

Viel **wird** über Frankfurt **geredet**.

1. Ein Aufsatz von Theo Sommer _____ _____ . (lesen)
2. Trends in Deutschland _____ _____ . (diskutieren)
3. Die Frankfurter Skyline _____ _____ . (anschauen)

4. Webseiten von Frankfurter Zeitungen _____ im Internet _____ .
   (finden)

5. Ein Gedicht von Goethe _____ _____ . (genießen)

6. Freizügigkeit _____ lebendig _____ . (debattiert)

7. Das Einbürgerungsgesetz _____ _____ . (vorstellen)

8. Redewendungen über Geld _____ _____ . (lernen)

12 | Was wird in Frankfurt gemacht? (Passiv Präsens)

Schreiben Sie Sätze im Passiv Präsens.

z.B. viele Flugzeuge / am Flughafen / reparieren →

Viele Flugzeuge werden am Flughafen repariert.

1. viel Geld / an der Börse / verdienen
   _____

2. verschiedene Sprachen / auf der Straße / sprechen
   _____

3. Bücher / auf der Buchmesse / lesen
   _____

4. die Skyline / von Besuchern / besichtigen
   _____

5. einen ökologischen Wolkenkratzer / bauen
   _____

6. Badeanzüge / zu Hause / lassen
   _____

7. das Goethe-Haus / von Touristen / besuchen
   _____

13 | Vor der Reise – Was ist gemacht worden? (Passiv Perfekt)

Jason ist aus Amerika am Frankfurter Flughafen angekommen. Vor der Reise hat er kaum etwas selbst erledigt. Schreiben Sie die Sätze ins Passiv Perfekt um.

z.B. Meine Freundin hat meinen Koffer gepackt. →

Mein Koffer ist von meiner Freundin gepackt worden.

1. Der Reisebürokaufmann hat meinen Flug vor zwei Monaten gebucht.

    _____

2. Der Zollbeamte (*customs agent*) hat meinen Reisepass gestempelt.

    _____

3. Meine Mutter hat mein ganzes Gepäck getragen.

    _____

4. Meine Großmutter hat mir viel Geld geschickt.

    _____

5. Mein Vater fährt mich an den Flughafen.

    _____

6. Der Flugbegleiter hat mir das Essen gebracht.

    _____

14 | Kindheitserinnerungen (Alternativen zum Passiv)

Schreiben Sie die folgenden Passivsätze ins Aktiv um. Wenn es kein Subjekt gibt, benutzen Sie **man.**

z.B. **Das Essen wurde von der Mutter gekocht.** →

Die Mutter kochte das Essen.

1. Die Kirche wurde jede Woche von uns besucht.

    _____

2. Jeden Sonntag wurde von der Familie ein Spaziergang gemacht.

    _____

3. Am Tisch wurde gegessen, aber nicht gesprochen.

    _____

4. Der Urlaub wurde bei Oma verbracht.

    _____

5. Die Großeltern wurden von der Mutter gepflegt.

    _____

6. Das Geld wurde vom Vater verdient.

    _____

15 | Eine bessere Kindheit? (Alternativen zum Passiv)

Schreiben Sie Vorschläge für andere Familien und benutzen Sie das Passiv mit einem Modalverb im Konjunktiv.

 z.B. **Das Essen wurde von der Mutter gekocht.** →

Das Essen sollte von der ganzen Familie gekocht werden.

1. Die Kirche wurde jede Woche besucht.

   _____

2. Jeden Sonntag wurde von der Familie ein Spaziergang gemacht.

   _____

3. Am Tisch wurde gegessen, aber nicht gesprochen.

   _____

4. Der Urlaub wurde bei Oma verbracht.

   _____

5. Die Großeltern wurden von der Mutter gepflegt.

   _____

6. Das Geld wurde vom Vater verdient.

   _____

C. LESEN

Gastarbeiter in Deutschland

Die Arbeitermigration nach Deutschland begann in den 50er Jahren. In der Zeit des wirtschaftlichen Booms gab es in Deutschland nicht genug Industriearbeiter. Deshalb wurden im europäischen Ausland durch Anwerbebüros (*recruiting offices*) vor allem männliche Gastarbeiter (*guest workers*) angeworben.

Schon zu Beginn der 50er Jahre wurde im Bundeswirtschaftsministerium (*federal ministry of economics*) geplant, italienische Arbeiter anzuwerben. Durch eine Pressekampagne des Wirtschaftsministers Ludwig Erhard begann 1954 eine öffentliche Diskussion über die Anwerbung (*recruiting*) ausländischer Arbeitskräfte. Im Dezember 1955 wurde das deutsch-italienische Gastarbeiter-Abkommen (*agreement*) unterzeichnet. Bis 1961 wurden jedes Jahr ungefähr 20.000 italienische Gastarbeiter nach Deutschland gebracht.

Zunächst wurden die Arbeiter oft in einfachen Baracken untergebracht. Aber schon in den frühen 60er Jahren haben viele Gastarbeiter ihre Familien nach Deutschland geholt. 1964 wurde der millionste Gastarbeiter, ein Mann aus Portugal, begrüßt. Ihm wurde zur Begrüßung ein Moped geschenkt. Bis in die 70er Jahre kamen mehr als fünf Millionen Gastarbeiter und ihre Familien nach Deutschland, vorwiegend aus Italien, Spanien, Jugoslawien, Griechenland, Portugal und der Türkei.

Am Anfang glaubte man, dass die Gastarbeiter nach zwei oder drei Jahren wieder in ihre Heimat zurückkehren würden. Das war für die Industrie aber nicht effizient, denn das bedeutete, dass die erfahrenen (*experienced*) Arbeiter wieder gehen und dafür unerfahrene Arbeiter nachkommen würden. Die Arbeitgeber (*employers*) forderten die Verlängerung der Aufenthaltserlaubnisse. Viele dieser Gastarbeiter holten ihre Familien nach Deutschland und blieben für immer.

16 Richtig oder falsch?

Kreuzen Sie an, ob die folgenden Aussagen richtig (R) oder falsch (F) sind. Verbessern Sie die falschen Aussagen.

		R	F
1.	In den 50er Jahren gab es in Deutschland zu wenige Arbeiter.	☐	☐
2.	Als Gastarbeiter sind meistens Frauen nach Deutschland gekommen.	☐	☐
3.	Es gab Anwerbebüros in anderen europäischen Ländern.	☐	☐
4.	Der Wirtschaftsminister Ludwig Erhard startete 1954 eine Pressekampagne, damit öffentlich über Gastarbeiter diskutiert wird.	☐	☐
5.	Im Dezember 1955 wurde das deutsch-französische Gastarbeiter-Abkommen unterschrieben.	☐	☐
6.	Der millionste Gastarbeiter war Italiener und bekam ein Moped als Geschenk.	☐	☐
7.	Bis in die 70er Jahre kamen mehr als fünfzehn Millionen Gastarbeiter nach Deutschland.	☐	☐
8.	Die Arbeitgeber wollten, dass die Gastarbeiter länger in Deutschland bleiben können.	☐	☐

17 Das Passiv anders formulieren

Die wichtigste Alternative zum Passiv ist das Pronomen **man.** Formulieren Sie die Sätze im Passiv um, indem Sie das Pronomen **man** verwenden:

> **z.B.** Im europäischen Ausland wurden durch Anwerbebüros vor allem männliche Gastarbeiter angeworben. →
>
> Im europäischen Ausland **hat man durch Anwerbebüros vor allem männliche Gastarbeiter angeworben.**

1. Schon zu Beginn der 50er Jahre wurde im Bundeswirtschaftsministerium geplant, italienische Arbeiter anzuwerben.

   Schon zu Beginn der 50er Jahre plante man _____

   _____

2. Im Dezember 1955 wurde das deutsch-italienische Gastarbeiter-Abkommen unterzeichnet.

   Im Dezember 1955 unterzeichnete man _____

   _____

3. Bis 1961 wurden jedes Jahr ungefähr 20.000 italienische Gastarbeiter nach Deutschland gebracht.

    Bis 1961 brachte man _____

    _____

4. Zunächst wurden die Arbeiter oft in einfachen Baracken untergebracht.

    Zunächst _____

    _____

5. 1964 wurde der millionste Gastarbeiter begrüßt.

    1964 _____

    _____

6. Dem millionsten Gastarbeiter wurde zur Begrüßung ein Moped geschenkt.

    Dem millionsten Gastarbeiter _____

    _____

D. SCHREIBEN

18 | Ihr Land – als Sie ein Kind waren und heute

In dem Artikel von Theo Sommer kann man lesen, wie die Deutschen sich verändert haben. Viel wird jetzt anders gemacht. Denken Sie an ihr Land – wie wurde alles gemacht, als Sie ein Kind waren, und wie wird es jetzt gemacht?

Schritt 1: Sommer diskutiert sieben Themen in seinem Artikel. Welche zwei Themen möchten Sie diskutieren (z.B. Kommunikation, das Familienleben, Religion usw.)? Dann schreiben Sie kurze Verbphrasen darüber, wie es damals war, und wie es jetzt ist.

Thema: *Kommunikation*

Damals	**Jetzt**
Briefe schreiben	*E-Mails schreiben*

Thema: _____

Damals	**Jetzt**
_____	_____
_____	_____
_____	_____
_____	_____

Name _____ Datum _____

Thema: _____

Damals

_____

_____

_____

_____

_____

Jetzt

_____

_____

_____

_____

_____

Schritt 2: Finden Sie jetzt Notizen, die Sie im Passiv schreiben könnten, und schreiben Sie dann diese Passivsätze. Achten Sie dabei auf das Tempus.

z.B. Damals wurden Briefe geschrieben, aber jetzt werden E-Mails geschrieben.

_____

_____

_____

_____

_____

Schritt 3: Bringen Sie Ihre Ideen in einem Aufsatz zusammen. Fangen Sie mit einer kurzen Einleitung an, wie diese von Sommer:

Sieben Trends haben die Entwicklung unserer Gesellschaft im zurückliegenden halben Jahrhundert bestimmt – ob zum Guten oder zum Bösen, wissen wir noch nicht.

Versuchen Sie, in Ihrem Aufsatz auch die Alternativen zum Passiv zu benutzen, z.B. **man, sich lassen** und **sein** + **zu** + *Infinitiv.*

_____

_____

_____

_____

_____

_____

_____

_____

_____

_____

Station

Köln 7

Heinle iRadio
www.thomsonedu.com/german:
- **werden** vs. **bekommen**
- pronunciation of **s-sounds**

A. WORTSCHATZ

Mündliches

Hören

1 Station Köln

CD 2:
1

Ergänzen Sie die Lücken mit den Wörtern, die Sie hören.

Köln ist die älteste deutsche Großstadt und eine Stadt der Kunst – nicht nur wegen des

(1) _____ Kölner Doms und der vielen Museen, sondern auch wegen einer aktiven

Kunstszene. Hier leben viele Künstler, und mehr als 100 Galerien präsentieren ein (2) _____

Spektrum.

 Nach dem Zweiten Weltkrieg wurde der (3) _____ der zerstörten Stadt mit

starkem Interesse verfolgt. In den 50er Jahren konzentrierten sich die Diskussionen auf Kultur und Politik der

Nachkriegszeit. Auf (4) _____ des Buchhändlers Gerhard Ludwig fanden in den

Wartesälen des Kölner Hauptbahnhofs 260 Diskussionsveranstaltungen statt, bei denen sich prominente

(5) _____ aus Politik, Kultur und Wirtschaft direkt mit den „Menschen von der

Straße" (6) _____ mussten. Die *Mittwochgespräche* wurden ein bedeutender

(7) _____ zur Entwicklung einer demokratischen (8) _____

in Deutschland.

2 Aus den Nachrichten

CD 2:
2

Sie hören einen Bericht aus den Kölner Nachrichten über eine politische Debatte. Kreuzen Sie an, ob die Aussagen richtig (R) oder falsch (F) sind. Verbessern Sie die falschen Aussagen.

	R	F
1. Gestern Abend fand im Kölner Bahnhof eine Debatte zum Thema „Rechtsradikalismus" statt.	❏	❏
2. Am Anfang referierte ein in der Türkei geborener deutscher Schriftsteller.	❏	❏

3. Der Schriftsteller sagte, er sei stolz darauf, jetzt ein Deutscher zu sein.   ❑   ❑

4. Danach folgte eine offene Diskussion mit vielen Fragen zum Thema „Patriotismus".   ❑   ❑

5. Vertreter der politischen Parteien beteiligten sich an dem Gespräch.   ❑   ❑

6. Letztendlich war der Abend kein großer Erfolg.   ❑   ❑

Sprechen

3   Fragen zur Debatte

CD 2: 3

Sie hören sechs Fragen über die Debatte. Benutzen Sie bei Ihren Antworten die vorgegebenen Elemente.

Sie hören:	Über welches Thema hat man diskutiert?
Sie lesen:	man / diskutieren / über das Thema „Nationalstolz"
Sie sagen:	Man hat über das Thema „Nationalstolz" diskutiert.
Sie hören:	Richtig, man hat über das Thema „Nationalstolz" diskutiert.

1. man / diskutieren / über das Thema „Nationalstolz"
2. der Schriftsteller / referieren / über die Begriffe „Heimat" und „Nationalstolz"
3. er / bezeichnen / Europa als seine Heimat
4. die anderen Gesprächsteilnehmer / sein / Politiker und Bürger der Stadt Köln
5. die Gesprächsteilnehmer / sich auseinandersetzen / mit dem zunehmenden Rechtsradikalismus
6. manche Beiträge / sein / sehr offen / und / andere Beiträge / sehr zurückhaltend

4   Konrad Adenauer

CD 2: 4

Sie hören sechs Fragen über Konrad Adenauer, den ersten Bundeskanzler der Bundesrepublik Deutschland von 1949–1963. Benutzen Sie bei Ihren Antworten die vorgegebenen Elemente.

Sie hören:	Was war Konrad Adenauer von 1917–1932?
Sie lesen:	Oberbürgermeister von Köln
Sie sagen:	Konrad Adenauer war Oberbürgermeister von Köln
Sie hören:	Genau, Konrad Adenauer war Oberbürgermeister von Köln.

1. Oberbürgermeister von Köln
2. Vertreter der deutschen Zentrumspartei
3. der erste Bundeskanzler der Bundesrepublik Deutschland
4. der CDU
5. das System der sozialen Marktwirtschaft
6. auf die Versöhnung mit den Juden und mit Frankreich

Schriftliches

5 | Definitionen

Finden Sie die Definition für jedes Wort und schreiben Sie den Buchstaben neben das Wort.

1. _____ das Gespräch

2. _____ der Bundestag

3. _____ der Eintritt

4. _____ der Rechtsradikalismus

5. _____ die Stadtmauer

6. _____ der Wiederaufbau

7. _____ die Heimat

8. _____ der Dom

9. _____ die Partei

10. _____ die Kunstmesse

a. wo man sich zu Hause fühlt

b. eine große Kirche

c. was man bezahlen muss, um in eine Veranstaltung reinzukommen

d. eine große Versammlung von Künstlern

e. Deutschlands Parlament

f. wenn Leute zusammen reden

g. eine Struktur aus Stein, die eine Stadt umringt

h. eine Gruppe, deren Mitglieder ähnliche politische Ansichten haben

i. was in Köln nach dem Krieg gemacht wurde

j. eine politische Gruppe mit extremen Ansichten

6 | Das heikle Thema

Benutzen Sie die Wörter aus der Liste, um die Sätze zu ergänzen.

sich auseinandersetzen • Beleidigung • empfindliches • letztendlich • Nationalstolz • stolz • zurückhaltend

1. Der _____ in Deutschland ist ein _____ Thema.

2. Eine provokative Äußerung kann leicht als _____ angesehen werden.

3. Manche junge Leute sind wirklich _____ auf ihr Land; sie haben großen

   _____ .

4. Andere sind eher _____ und finden solche Gefühle merkwürdig.

5. Viele junge Menschen können _____ mit provokativen Ideen zu diesem Thema

   _____ .

6. _____ gibt es keine einzige Antwort auf diese Frage.

B. STRUKTUREN

Mündliches

Hören

7 Ein Amerikaner auf der Autobahn (Modalverben)

CD 2:
5

Ergänzen Sie die Lücken mit den Wörtern, die Sie hören.

1. THOMAS: Jason, du _____ unbedingt mal auf der Autobahn fahren! Weißt du, man

    _____ hier so schnell fahren, wie man _____ !

2. ROLF: Na ja, das stimmt aber nicht ganz. Es gibt oft Geschwindigkeitsbegrenzungen, und auf die

    _____ man achten.

3. JASON: Ich _____ schon ewig einmal auf der Autobahn fahren. Es

    _____ ein ziemlich cooles Erlebnis sein. Ich habe schon so viel über die

    Autobahn gehört. Ihr _____ mir zeigen, wie es wirklich ist!

4. THOMAS: Also, dann los! Ich _____ bald tanken, denn das Benzin

    _____ uns auf keinen Fall auf der Autobahn ausgehen.

5. ROLF: _____ denn Jason als Amerikaner hier so einfach Auto fahren?

6. JASON: Wieso nicht? Ihr _____ doch auch in Amerika fahren.

7. THOMAS: Gut! Dann endlich los! Rolf, _____ du vorne sitzen?

8. ROLF: Nein, ich _____ den Rücksitz lieber. Ich bin ehrlich gesagt von der ganzen

    Sache nicht besonders begeistert. Aber ihr Zwei _____ es wenigstens

    genießen, ich _____ ja kein Spielverderber sein.

8 Zukünftiges (Futur)

CD 2:
6

Zwei junge Kölner, Matthias und Astrid, sprechen über ihre Zukunftspläne. Kreuzen Sie an, wer was sagt.

	Matthias	Astrid
1. das Abitur machen	☐	☐
2. das Staatsexamen machen	☐	☐
3. eine Reise nach Südamerika machen	☐	☐
4. eine Zugreise durch Europa machen	☐	☐
5. Zivildienst machen	☐	☐
6. das zweite Staatsexamen machen	☐	☐
7. in einer Kanzlei arbeiten	☐	☐
8. Germanistik oder Romanistik studieren	☐	☐

Sprechen

9 │ Ausflug ins Schokoladenmuseum (Modalverben)

CD 2: 7

 Sie diskutieren mit Ihren Freunden, was Sie in Köln machen wollen. Beantworten Sie die Fragen und benutzen Sie die vorgegebenen Elemente.

Sie hören:	Was willst du heute machen?
Sie lesen:	ich / wollen / ins Schokoladenmuseum gehen
Sie sagen:	Ich will ins Schokoladenmuseum gehen.
Sie hören:	Ah, du willst also ins Schokoladenmuseum gehen.

1. ich / wollen / ins Schokoladenmuseum gehen
2. du / können / natürlich mitkommen
3. wir / können / zu Fuß gehen
4. ich / müssen / zuerst noch den Stadtplan suchen
5. du / sollen / nicht so viel Süßigkeiten essen
6. du / dürfen / sonst natürlich machen, was du willst

10 │ Max und Gerte in Köln (Futur)

CD 2: 8

 Sie spekulieren mit einem Freund darüber, was Max und Gerte während ihrer Reise nach Köln wohl machen werden. Beantworten Sie die Fragen und benutzen Sie dabei die vorgegebenen Elemente.

Sie hören:	Was werden Max und Gerte in Köln machen?
Sie lesen:	vielleicht / am Rheinufer / spazieren gehen
Sie sagen:	Sie werden vielleicht am Rheinufer spazieren gehen.
Sie hören:	Aha, du glaubst also, sie werden am Rheinufer spazierengehen.

1. vielleicht / am Rheinufer / spazieren gehen
2. sicher / rheinischen Sauerbraten / probieren
3. wahrscheinlich wieder / an jeder Ecke / stehen bleiben und fotografieren
4. unter Umständen / ziemlich sauer / auf Max / sein
5. wahrscheinlich / die schlechte Laune / schnell wieder / verfliegen
6. auf jeden Fall / in einem Super-Luxus-Hotel / übernachten

Schriftliches

11 │ Der Amerikaner erzählt, wie es war (Modalverben)

Ergänzen Sie die Sätze mit der richtigen Imperfektform des Modalverbs.

1. Meine deutschen Freunde _____ , dass ich das Fahrvergnügen auf der Autobahn erlebe.
   (wollen)

2. Ich _____ so schnell fahren, wie ich _____ . (sollen, wollen)

3. Wegen einer Baustelle _____ ich nur 100km pro Stunde fahren. (dürfen)

4. Nach der Baustelle _____ wir wieder schneller fahren. (dürfen)

5. Trotzdem _____ wir nicht schneller fahren. (können)

6. Das ■ Auto _____ einfach nicht schneller fahren! (wollen)

7. Wir _____ anhalten, weil wir kein Benzin mehr hatten. (müssen)

8. Mein Freund _____ zur Tankstelle laufen. (müssen)

12 | Prognosen aus der Römerzeit (Futur)

Ein Weissager (*clairvoyant*) der Römerzeit spricht über Köln. Was wird in Köln in der Zukunft passieren? Schreiben Sie Sätze im Futur.

1. leben: wir / friedlich / zusammen mit den Germanen

   _____

2. arbeiten: ich / hier an der Wasserleitung

   _____

3. gründen: ein wichtiger Mann / das Erzbistum

   _____

4. danken: die Germanen / uns

   _____

5. studieren: in Köln / viele Studenten / an einer großen Universität

   _____

6. zerstören: Bombenangriffe / die Stadt

   _____

13 | Was wird in Köln im Jahr 2850 passiert sein? (Futur Perfekt)

Bilden Sie Sätze im Futur Perfekt, um zu erklären, warum die Kölner Zukunft so aussieht.

z.B. **Touristen werden den Kölner Dom nicht mehr besichtigen.** →

Die Regierung wird die Treppen für zu gefährlich erklärt haben.

1. Köln wird die größte Stadt der Welt. Naturkatastrophen _____ alle andere Großstädte

   der Welt _____ _____ . (zerstören)

2. In Köln wird man nur noch mit öffentlichen Verkehrsmitteln fahren. Kölner Politiker

   _____ persönliche Autos _____

   _____ . (verbieten)

3. In Köln kann man auch Französisch und Englisch sprechen. Die Kölner _____ viele

   andere Weltsprachen als offizielle Sprachen _____ _____ .

   (akzeptieren)

4. Es wird viele irakische Restaurants in Köln geben. Viele Iraker _____ nach Köln

_____ _____ . (auswandern)

5. Niemand wird Kölsch sprechen. Die Regierung _____ alle Dialekte als geringwertig

(*inferior*) _____ _____ . (bezeichnen)

6. Alle werden in Hochhäusern wohnen. Es _____ zu viele Leute in der Stadt

_____ _____ , um sie anders unterzubringen. (geben)

C. LESEN

Eau de Cologne – Kölnisch Wasser

Das Kölnisch Wasser – oder Eau de Cologne – war eine Erfindung des Italieners Giovanni Maria Farina. Sein Bruder Giovanni Battista Farina hatte 1709 in Köln ein Geschäft gegründet, in dem er Luxusartikel wie Seide (*silk*) und Duftwasser (*fragrance*) verkaufte. 1714 trat der Parfümeur Giovanni Farina in die Firma seines Bruders ein und machte Farina mit seinem Duftwasser weltberühmt. Die Sprache des Handels und der oberen Gesellschaft in Köln wie in ganz Deutschland war damals Französisch und Farina nannte sein Parfüm „Eau de Cologne".

Farina beschrieb sein Eau de Cologne wie den Duft eines italienischen Frühlingsmorgens nach dem Regen. Sein Kölnisch Wasser basierte auf den ätherischen Ölen von Zitrusfrüchten und Kräutern (*herbs*) seiner italienischen Heimat, die er nach geheimen Rezepturen selbst distillierte.

Das Duftwasser spielte damals eine wichtige Rolle, denn Köln war eine stinkende Stadt. Die Straßen waren voll Abfall (*waste*) und Pferdemist (*horse manure*), und wenn ein feiner Herr sich in der Öffentlichkeit bewegte, war ein Duftwasser unentbehrlich (*indispensable*). Selbst Kaiser und Könige bestellten sich regelmäßig ihr Kölnisch Wasser bei Farina.

Ab dem 19. Jahrhundert gab es mehr und mehr Plagiatoren (*imposters, cheap imitations*). Immer neue Firmen benutzten den Namen *Kölnisch Wasser* und durch billige industrielle Produktion wurde Kölnisch Wasser in Deutschland bald zum Synonym für billiges Parfüm.

14 | Sätze verbinden

Verbinden Sie die Satzteile, um sinnvolle Sätze zu bilden.

1. Giovanni Battista Farina hatte 1709 in Köln ein Geschäft, _____ .

2. Farina nannte sein Duftwasser „Eau de Cologne", _____ .

3. Farina distillierte sein Eau de Cologne aus Früchten und Kräutern seiner Heimat, _____ .

4. Weil es in der Stadt so stank, _____ .

5. Weil man durch die industrielle Produktion Plagiate herstellen konnte, _____ .

a. denn Französisch war die Sprache des Handels und der feinen Gesellschaft
b. denn es sollte wie ein italienischer Frühlingsmorgen riechen
c. war ein Duftwasser für feine Herren sehr wichtig
d. wurde Kölnisch Wasser ein Synonym für billiges Parfüm
e. in dem er Seide und Duftwasser verkaufte

15 | Modalverben im Kontext

Setzen Sie die passenden Modalverben ein.

konnte · konnten · musste · wollte · wollten

1. Im 18. Jahrhundert _____ man in Köln Französisch sprechen, um im Handel etwas zu erreichen.

2. Giovanni Farina _____ , dass sein Parfum riecht wie ein italienischer Frühlingsmorgen.

3. Ohne ein feines Duftwasser _____ die feinen Herren den Gestank der Kölner Straßen nicht ertragen.

4. Auch Kaiser und Könige _____ das Kölnisch Wasser von Farina haben.

5. Weil man ab dem 19. Jahrhundert Parfüm durch industrielle Produktion billig herstellen

   _____ , gab es immer mehr Plagiatoren.

D. SCHREIBEN

16 | Prognosen für eine Nation

Wie sieht die Zukunft für Ihr Land aus? Denken Sie an große soziale Probleme, z.B. Obdachlosigkeit (*homelessness*) und Armut, Krieg und internationale Angelegenheiten, Gesundheit und Versicherung (*insurance*).

Ihr Thema: _____

Schritt 1: Welche positive Vorhersagen machen Sie für Ihr Land in diesem Bereich?

z.B. Weniger Leute werden auf der Straße leben.

_____

_____

_____

_____

_____

_____

Schritt 2: Was wird man in der Nation gemacht haben, um diese positiven Leistungen geschafft zu haben? Schreiben Sie Sätze im Futur Perfekt.

> **z.B.** Die Regierung wird günstige Häuser für Obdachlose gebaut haben.

_____

_____

_____

_____

_____

Schritt 3: Bringen Sie die Sätze zusammen, um den Prozess zu erklären.

> **z.B.** Weniger Leute werden auf der Straße leben, weil die Regierung günstige Häuser für Obdachlose gebaut haben wird.

_____

_____

_____

_____

_____

Schritt 4: Jetzt bringen Sie Ihre Ideen in einem Aufsatz zusammen. Binden Sie auch Information über aktuelle Probleme mit ein.

> **z.B.** In unserem Land haben viele Leute kein zu Hause, aber in der Zukunft werden weniger Leute auf der Straße leben, weil die Regierung günstige Häuser für Obdachlose gebaut haben wird.

_____

_____

_____

_____

_____

_____

Name _____   Datum _____

Heinle iRadio
www.thomsonedu.com/german:
• word order

A. WORTSCHATZ

Mündliches

Hören

| 1 | Station Dresden |

CD 2:
9

 Hören Sie zu und kreuzen Sie an, ob die Aussagen richtig (R) oder falsch (F) sind. Verbessern Sie die falschen Aussagen.

		R	F
1.	Seit dem 17. Jahrhundert war Dresden Residenz der sächsischen Herzöge.	❏	❏
2.	Robert Schumann und Johann Sebastian Bach arbeiteten in Dresden.	❏	❏
3.	Dresden war ein Zentrum des Expressionismus.	❏	❏
4.	Im Nationalsozialismus wurden vor allem jüdische Künstler verfolgt und deportiert.	❏	❏
5.	Das Zentrum von Dresden wurde von den Bombenangriffen fast nicht getroffen.	❏	❏
6.	In mühevoller Arbeit wurde die Frauenkirche wieder aufgebaut.	❏	❏

| 2 | Das erste Rendezvous in der Oper |

CD 2:
10

Ergänzen Sie die Lücken mit den Wörtern, die Sie hören.

TIMO: Du, ist das eigentlich ein (1) _____ Ereignis für dich, in die Oper zu gehen?

AIDA: Ja, ich bin eine leidenschaftliche Opernliebhaberin und (2) _____ sogar selber.

TIMO: Sag mal, wer (3) _____ denn bei der Aufführung heute abend?

AIDA: Der weltberühmte Dirigent Daniel Barenboim.

TIMO: Ach, das ist ja toll! Hast du diese Oper eigentlich schon mal gehört?

AIDA: Natürlich, und ich habe auch mehrere (4) _____ zu Hause.

TIMO: Das Bühnenbild ist so kreativ und modern, findest du nicht auch?

AIDA: Also ich weiß nicht, ich finde es ehrlich gesagt nicht besonders (5) _____ .

TIMO: Aida, warum hast du mich eigentlich in die Oper (6) _____ ?

AIDA: Na, du hast mir doch erzählt, Richard Wagner sei dein großes (7) _____ .

TIMO: Also, ganz ehrlich gestanden war das eine kleine Lüge! Ich wollte einfach nur einen Abend mit dir verbringen.

AIDA: Na, das habe ich mir mittlerweile fast schon gedacht. Ist mir jetzt zwar irgendwie nicht ganz

          (8) _____ , aber ich find's trotzdem ziemlich originell und süß von dir!

Sprechen

3 | Fragen zu Dresden?

 CD 2: 11

Beantworten Sie die Fragen und benutzen Sie bei Ihren Antworten die vorgegebenen Elemente.

Sie hören: Wo liegt die Dresdner Altstadt?
Sie lesen: liegen / am Ufer der Elbe
Sie sagen: Die Dresdner Altstadt liegt am Ufer der Elbe.
Sie hören: Genau, die Dresdner Altstadt liegt am Ufer der Elbe.

1. liegen / am Ufer der Elbe
2. entdecken können / den schönsten Milchladen der Welt
3. sehen / Theateraufführungen
4. sehen / eine Ausstellung mit Werken des Impressionismus und des Expressionismus
5. finden / den Schatz des sächsischen Königs
6. gehen / in die Semperoper

4 | Meinungen über Meinungen

CD 2: 12

Was meint man zu diesen Fragen? Benutzen Sie bei Ihren Antworten die vorgegebenen Elemente.

Sie hören: Dresden ist eine interessante Stadt, finden Sie nicht auch?
Sie lesen: (Dresden ist eine interessante Stadt) Ich finde auch, dass . . .
Sie sagen: Ich finde auch, dass Dresden eine interessante Stadt ist.
Sie hören: Aha, Sie finden also auch, dass Dresden eine interessante Stadt ist.

1. (Dresden ist eine interessante Stadt) Ich finde auch, dass . . .
2. (die Frauenkirche ist eine der schönsten Kirchen Europas) Ich finde auch, dass . . .
3. (Dresden ist eine Stadt für Freunde der Kunst) Viele Besucher finden, dass . . .
4. (Kunst und Politik lassen sich nicht trennen) Manche Menschen glauben, dass . . .
5. (man muss Ausstellungen jüdischer Künstler verbieten) Die Nazis glaubten, dass . . .
6. (die Künstler *Der Brücke* waren Liebhaber leuchtender Farben) Ich bin auch der Meinung, dass . . .

Schriftliches

5 | Was machen diese Personen?

Schreiben Sie den passenden Buchstaben neben das Wort.

1. _____ Dirigent/in

2. _____ Komponist/in

3. _____ Künstler/in

4. _____ Liebhaber/in

5. _____ Pianist/in

6. _____ das Vorbild

a. Er/Sie hat eine Ausstellung im Museum.

b. Er/Sie inspiriert andere Leute.

c. Er/Sie schreibt Musik.

d. Er/Sie spielt Klavier.

e. Er/Sie steht vor dem Orchester.

f. Er/Sie macht eine bestimmte Aktivität sehr gern.

6 | Kunstgeschichte

Benutzen Sie die gegebenen Wörter und schreiben Sie Sätze im Imperfekt. Passen Sie dabei auf Verbkongruenz auf.

1. die Künstlergruppe *Die Brücke* / sich auflösen / 1913

   _____

2. die Nazis / verbieten / Austellungen von expressionistischen Künstlern

   _____

3. man / verbrennen / viele künstlerische Werke

   _____

4. andere Kunstwerke / verloren gehen / während der Nazizeit

   _____

5. die Regierung / entfernen / die Gemälde aus den Museen

   _____

6. andere Künstler / fliehen / vor der Politik in Deutschland

   _____

B. STRUKTUREN

Mündliches

Hören

---

7 | Ein Rendezvous im Restaurant „Drachen" (koordinierende Konjunktionen)

CD 2: 13   Hören Sie zu und ergänzen Sie den Dialog.

STEFAN: In diesem Restaurant gibt es viele feine Gerichte, (1) _____ es gibt sogar einen Biergarten hinter dem Restaurant.

STEPHANIE: Das ist super, (2) _____ mir ist gerade zu kalt, im Biergarten zu sitzen.

STEFAN: Kein Problem. Möchtest du hier vorne sitzen, (3) _____ lieber an dem kleinen Tisch in der Ecke?

STEPHANIE: Ich möchte weder vorne noch in der Ecke sitzen, (4) _____ vor dem Fenster.

STEFAN: (5) _____ du hast gerade gesagt, dass dir kalt ist! Warum willst du vor dem Fenster sitzen?

STEPHANIE: Ich sitze immer vor dem Fenster, (6) _____ ich finde es schön, die Passanten (*passers-by*) anzuschauen.

STEFAN: Na, gut. Dann setzten wir uns an diesen Tisch hin (7) _____ genießen unseren romantischen Abend.

---

8 | Der Abend geht weiter . . . (subordinierende Konjunktionen)

CD 2: 14   Hören Sie zu und ergänzen Sie den Dialog.

STEFAN: Wie hast du das Essen gefunden?

STEPHANIE: (1) _____ es nicht warm genug war, hat es mir trotzdem geschmeckt.

STEFAN: Das ist aber schade. (2) _____ ich hier sonst immer esse, ist das Essen perfekt!

STEPHANIE: (3) _____ ich am Ende satt (*full*) bin, ist es kein Problem.

STEFAN: Sollen wir dann Nachtisch bestellen?

STEPHANIE: Ich esse gerade keine Süßigkeiten, (4) _____ ich eine Diät mache. Ich weiß nicht,

(5) _____ ich sündigen (*sin*) soll.

STEFAN: Komm . . . du hast vorher gesagt, (6) _____ du die Tiramisu hier so gern magst.

STEPHANIE: Da hast du Recht, lass uns ein Stück bestellen. Und (7) _____ wir die Rechnung bezahlt haben, könnten wir ja einen kleinen Spaziergang machen!

Sprechen

9 | Ein Tag in Dresden (Konjunktionen)

CD 2: 15 Sie sind mit einer Freundin in Dresden und sprechen über ihre Pläne. Benutzen Sie bei Ihren Antworten die vorgegebenen Elemente.

> Sie hören: Willst du mit mir in die Neustädter Markthalle kommen?
>
> Sie lesen: aber: vorher in die Apotheke müssen
>
> Sie sagen: Aber ich muss vorher noch in die Apotheke.

1. aber: vorher in die Apotheke müssen
2. weil: eine leichte Erkältung haben
3. damit: Medizin kaufen können
4. sondern: nicht einkaufen wollen / lieber was anderes machen
5. oder: die Frauenkirche besichtigen wollen / am Elbufer spazieren gehen
6. und: in einem Restaurant essen wollen / danach in die Semperoper gehen

10 | Erich Kästner (Konjunktionen)

CD 2: 16 Der berühmte Schriftsteller Erich Kästner ist ein Sohn der Stadt Dresden. Verbinden Sie zuerst die passenden Satzteile und beantworten Sie dann die Fragen, die Sie hören.

> Sie hören: Wo ist Erich Kästner geboren und aufgewachsen?
>
> Sie sagen: Erich Kästner ist 1899 in Dresden geboren und in der Dresdner Neustadt aufgewachsen.
>
> Sie hören: Richtig, Erich Kästner ist 1899 in Dresden geboren und in der Dresdner Neustadt aufgewachsen.

1. Erich Kästner ist 1899 in Dresden geboren ____e____.

2. Über seine Jugend schrieb der bekannte Schiftsteller: „Der Weltkrieg hatte begonnen _____ .

3. 1917 wurde er zum Kriegsdienst einberufen, _____ .

4. 1919 begann Kästner, in Leipzig Geschichte und Germanistik zu studieren _____ .

5. Obwohl regimekristisch eingestellt, emigrierte Kästner nach der Machtergreifung der Nazis nicht ins Ausland, _____ .

6. Er schrieb, er sei in Berlin geblieben, _____ .

7. Er beobachtete es aus nächster Nähe _____ .

8. Nach dem Zweiten Weltkrieg zog Kästner nach München, _____ .

a. sondern beschloss, in Berlin zu bleiben

b. aber die Brutalität der Ausbildung machte ihn zum Antimilitaristen

c. wo er sehr erfolgreich war und bis zu seinem Tod am 29. Juli 1974 lebte

d. und meine Kindheit war zuende"

e. und in der Dresdner Neustadt aufgewachsen

f. und 1925 promovierte er

g. weil er vor Ort die Ereignisse sehen und seine Mutter nicht alleine lassen wollte

h. als die Nazis seine Bücher verbrannten

Schriftliches

11 | Geschichte einer Stadt (koordinierende Konjunktionen)

Verbinden Sie die Sätze mit einer passenden koordinierenden Konjunktion.

aber · denn · oder · sondern · und

1. 1698 wurde Dresden ein europäisches Kulturzentrum. Kurfürst August der Starke, ein Dresdner, war König geworden.

   _____

   _____

2. Im 18. Jahrhundert wurde Dresden zur Barockstadt. Viele neue Bauten entstanden.

   _____

   _____

3. Im 19. Jahrhundert komponierte Wagner den *Tannhäuser* in Dresden. Auch andere Komponisten lebten und arbeiten in der Stadt.

   _____

   _____

4. 1905 bildete sich die Künstlergruppe *Die Brücke*. 1933 wurden sie bereits verboten.

   _____

   _____

5. 1945 zerstörten fünf Luftangriffe das Zentrum von Dresden. 2005 wurde die zerbombte Frauenkirche wieder eröffnet.

   _____

   _____

6. Dresden ist nicht bekannt als Stadt der Renaissance. Dresden ist berühmt für die Architektur des Barock.

   _____

   _____

12 | Eine Liebestragödie (Konjunktionen)

Verbinden Sie die zwei Sätze mit der Konjunktion in Klammern. Passen Sie auf die Verbstellung auf.

1. Isolde pflegte Tristan. Er war auf einer Reise schwer verwundet worden. (weil)

   _____

2. Er bekam eine Nachricht. Er war auf dem Hof von König Marke. (während)

   _____

3. Tristan musste den König überreden. Er durfte Isolde heiraten. (damit)

_____

4. Tristan und Isolde tranken einen Becher Wein. Sie waren auf der Fahrt. (als)

_____

5. Sie wussten nicht. Das Getränk war ein Liebestrank. (dass)

_____

6. Sie verliebten sich. Sie konnten etwas dagegen tun. (bevor)

_____

7. Sie wollten nur zusammen sein. Sie verliebten sich. (nachdem)

_____

8. Sie trafen sich heimlich. Es war verboten. (obwohl)

_____

9. Tristan zeigte Isolde seine Liebe. Tristan gab ihr einen Ring. (indem)

_____

10. Sie konnten nicht leben. Sie waren nicht zusammen. (solange)

_____

C. LESEN

Die große Flut (*flood*) in Dresden

Im August 2002 regnete es in Norddeutschland und anderen Teilen Europas so viel, dass das Wasser der Elbe in Dresden über neun Meter stieg. So hoch war die Elbe nicht einmal bei der Rekordflut von 1845. In ganz Deutschland machte man sich vor allem Sorgen um die historischen Kulturdenkmäler (*monuments*).

Aber die Denkmäler Dresdens waren weniger in Gefahr, als im Fernsehen und in der Presse zuerst berichtet wurde. Das Dresdner Schloss, das Zentrum der historischen Altstadt, ragt wie eine Bastion hoch über dem Fluss. Auch die katholische Hofkirche liegt hoch genug, obwohl die Gruft mit den Sarkophagen der sächsischen Kurfürsten und Könige bald komplett unter Wasser stand.

In der Frauenkirche wurde pausenlos Wasser aus der Unterkirche gepumpt. Auch aus vielen Häusern überall in der Stadt hingen Schläuche (*hoses*), die das Wasser, das von der Erde einsickerte, wieder auf die Straßen spuckten. Dresdens Einwohner erlebten zum ersten Mal die Topographie der Stadt und ein paar Zentimeter Höhe spielten plötzlich eine wichtige Rolle.

Der Zwingerhof war ein See und das Untergeschoss der Semperoper stand komplett unter Wasser. In der Semper-Galerie musste man die Keller sogar mit Wasser vollpumpen, damit die Mauern nicht einbrachen. Alle Kunstwerke wurden in die oberen Stockwerke gebracht, damit sie vom Wasser nicht zerstört werden konnten.

Fast alle Bundesländer schickten schnell Boote und Spezialfahrzeuge nach Dresden. Krankenwagen aus ganz Deutschland räumten in einer gigantischen Evakuierungsaktion drei Krankenhäuser. Stadtteile mit 30.000 Einwohnern wurden evakuiert. Polizisten, Feuerwehrmänner und private Helfer aus allen Teilen Deutschlands arbeiteten Tag und Nacht.

Die Flut war ein historisches Ereignis (*event*). Überall drängten Leute mit Kameras und Ferngläsern (*binoculars*) auf die Brücken und an die Ufer. Ob es Katastrophentourismus oder Solidarität war, man konnte nur staunen (*be amazed*) mit welcher Gelassenheit (*level-headedness, composure*) die Dresdner eine der größten Katastrophen ihrer Geschichte bewältigten (*dealt with*).

13 | Richtig oder falsch?

Kreuzen Sie an, ob die folgenden Aussagen richtig (R) oder falsch (F) sind. Verbessern Sie die falschen Aussagen.

		R	F
1.	Die Flut von 2002 entstand durch starke Regenfälle in Norddeutschland und anderen Teilen Europas.	❑	❑
2.	Bei der Rekordflut von 1845 war der Wasserspiegel der Elbe höher als 2002.	❑	❑
3.	Das Dresdner Schloss und die Hofkirche standen komplett unter Wasser.	❑	❑
4.	Damit die Mauern der Semper-Galerie nicht einbrachen, wurde Wasser ins Untergeschoss hineingepumpt.	❑	❑
5.	Die Kunstwerke der Semper-Galerie hat man in den oberen Stockwerken in Sicherheit gebracht.	❑	❑
6.	Helfer aus ganz Deutschland halfen bei der Evakuierung von Stadtteilen und Krankenhäusern.	❑	❑
7.	Die Dresdner waren relativ gelassen, obwohl die Flut eine der größten Katastrophen in der Geschichte ihrer Stadt war.	❑	❑

14 | Konjunktionen

Setzen Sie die richtigen Konjunktionen ein, damit sich sinnvolle Sätze ergeben.

aber • damit • dass (x 2) • denn • obwohl • und

1. Es regnete im August 2002 so viel, _____ viele Flüsse in Norddeutschland überfluteten.

2. Viele Denkmäler in Dresden waren nicht in Gefahr, _____ im Fernsehen zuvor das Schlimmste berichtet wurde.

3. Das Dresdner Schloss und die katholische Hofkirche liegen hoch genug, _____ sie durch eine Flut nicht gefährdet sind.

4. In der Frauenkirche wurde das Wasser aus der Unterkirche gepumpt, _____ der Zwingerhof war ein See und das Untergeschoss der Semperoper stand komplett unter Wasser.

5. Der Keller der Semper-Galerie wurde sogar mit Wasser vollgepumpt, _____ die Mauern nicht einbrachen.

6. Drei Krankenhäuser wurden geräumt _____ Stadtteile mit 30.000 Einwohnern wurden evakuiert.

7. In ganz Deutschland staunte man, _____ die Dresdner bewältigten eine der größten Katastrophen ihrer Geschichte mit relativer Gelassenheit.

D. SCHREIBEN

15 | Kulturelles

Sind Sie irgendwann mal ins Konzert, ins Museum oder in die Oper gegangen? Haben Sie ein Theaterstück oder Musical angeschaut? Schreiben Sie eine kurze Geschichte darüber, entweder im Perfekt oder im Imperfekt.

Schritt 1: Beschreiben Sie das Ereignis mit einfachen Hauptsätzen. Wie sah alles aus?

> **z.B.** Die Musik war sehr laut.
>
> Überall waren junge Leute.
>
> Die Stimmung war ausgezeichnet.

_____   _____

_____   _____

_____   _____

_____   _____

_____   _____

Verbinden Sie einige Sätze mit koordinierende Konjunktionen **und, aber** und **sondern.**

> **z.B.** Überall waren junge Leute, und die Stimmung war ausgezeichnet.

_____

_____

_____

_____

_____

Schritt 2: Beschreiben Sie mit einfachen Sätzen, was passiert ist.

z.B. Wir kauften die Karten im Internet.

Wir fuhren mit der U-Bahn dahin.

Wir warteten zwei Stunden am Eingang.

_____   _____

_____   _____

_____   _____

_____   _____

_____   _____

Verbinden Sie einige Sätze mit koordinierenden Konjunktionen **als, bevor, nachdem, während, seitdem, sobald** und **bis,** um die Chronologie der Geschichte zu beschreiben.

z.B. Nachdem wir mit der U-Bahn dahin gefahren waren, warteten wir zwei Stunden am Eingang.

_____

_____

_____

_____

_____

Schritt 3: Bringen Sie jetzt alle Sätze in einem kleinen Aufsatz zusammen. Sie sollten auch andere Sätze einbringen, um das Ereignis möglichst genau zu beschreiben. Versuchen Sie auch, andere häufig gebrauchte Konjunktionen dabei zu benutzen (**weil, denn, dass**).

_____

_____

_____

_____

_____

_____

_____

_____

_____

_____

_____

_____

_____

_____

_____

_____

_____

_____

_____

_____

_____

_____

_____

_____

_____

_____

_____

Station

Salzburg 9

Heinle iRadio
www.thomsonedu.com/german:
• **wissen** vs. **kennen**

A. WORTSCHATZ

Mündliches

Hören

---

1 | Station Salzburg

CD 2:
17

Kreuzen Sie an, welche Wörter Sie hören.

❑ Altstadt   ❑ Denkmal

❑ Kirchen   ❑ Festspiele

❑ Schlösser   ❑ Veranstaltung

❑ Paläste   ❑ Erholung

❑ Festung   ❑ See

❑ Universität   ❑ Gebäck

❑ Burg   ❑ Kaffeehäuser

❑ Wohnhaus   ❑ Cappucino

---

2 | *Amadeus* – Ein Film über Mozart

CD 2:
18

Hören Sie zu und ergänzen Sie die Lücken.

1984 drehte der tschechische Regisseur Milos Forman den Spielfilm *Amadeus*, in dem das Leben Mozarts aus der

Perspektive des Wiener Hofkomponisten Antonio Salieri erzählt wird. Der (1) _____

Salieri ist neidisch auf den großen Erfolg seines Konkurrenten und versucht Mozart, der

(2) _____ nach Alkohol und Medikamenten ist, in den Wahnsinn zu treiben. Viele

Filmkritiker waren (3) _____ , und 1985 gewann der Film acht Oscars, unter anderem für

die (4) _____ Kostüme und das (5) _____ Drehbuch, in dem

ein (6) _____ Porträt des Komponisten gezeichnet wird, das mit dem wirklichen Leben

Mozarts allerdings kaum etwas gemeinsam hat.

Sprechen

3 | Fragen über Salzburg

CD 2: 19 Sie hören sechs Fragen über Salzburg. Benutzen Sie bei Ihren Antworten die vorgegebenen Elemente.

Sie hören:	Was ist die Festung Hohensalzburg?
Sie lesen:	Festung Hohensalzburg: die größte noch erhaltene Burg Europas
Sie sagen:	Die Festung Hohensalzburg ist die größte noch erhaltene Burg Europas.
Sie hören:	Richtig, die Festung Hohensalzburg ist die größte noch erhaltene Burg Europas.

1. Festung Hohensalzburg: die größte noch erhaltene Burg Europas
2. Herbert von Karajan: ein Dirigent, der die Salzburger Festspiele weltberühmt gemacht hat
3. Salzburger Festspiele: ein Festival, bei dem man hervorragende klassische Musik hören kann
4. Joseph Haydn: ein berühmter Komponist, der ein Zeitgenosse Mozarts war
5. Melange trinken: in einem der zahlreichen Salzburger Kaffeehäuser
6. berühmte Salzburger Sehenswürdigkeit: das Mozartdenkmal

4 | Was ist das?

CD 2: 20 Beantworten Sie die Fragen und benutzen Sie dabei die vorgegebenen Elemente.

Sie hören:	Was ist eine Melange?
Sie lesen:	Melange: Kaffee, der mit aufgeschäumter Milch gemischt wird
Sie sagen:	Eine Melange ist ein Kaffee mit aufgeschäumter Milch.
Sie hören:	Genau, eine Melange ist ein Kaffee, der mit aufgeschäumter Milch gemischt wird.

1. Melange: Kaffee, der mit aufgeschäumter Milch gemischt wird
2. Krapfen: ein Gebäck, das mit Marmelade gefüllt ist
3. Gasse: eine enge Straße, die man hauptsächlich in alten Städten findet
4. Tagebuch: ein Buch, in das man persönliche Notizen schreibt
5. Festung: eine Burg, auf der früher Ritter wohnten
6. Semmel: ein Brötchen, das in Süddeutschland und Österreich anders heißt

Schriftliches

5 Fragen an einen Einheimischen

Finden Sie eine passende Antwort auf jede Frage und schreiben Sie den Buchstaben neben die Frage.

1. Was ist Ihr Lieblingsgebäck? _____

2. Gehen Sie oft ins Kaffeehaus? _____

3. Welche Sehenswürdigkeiten muss ich in Salzburg unbedingt sehen? _____

4. Was könnte ich zurück nach Amerika mitbringen? _____

5. Wissen Sie irgendwelche interessante Tatsachen über Salzburg? _____

6. Was wissen Sie über den beliebtesten Sohn Ihrer Stadt, Mozart? _____

a. Er hat leidenschaftlich Klavier gespielt und war auch scharfsinnig.

b. Ja, ich gehe gern ins Café Bazar. Die Melange da ist erstklassig!

c. Die Festung Hohensalzburg, natürlich. Aber es ist auch schön, einfach durch die kleinen Gassen zu laufen.

d. Krapfen finde ich wunderbar!

e. Eine Tüte Mozartkugeln! Die kann man mühelos in vielen Läden finden.

f. Hier wurde *The Sound of Music* gedreht.

6 Salzburger Assoziationen

Finden Sie eine passende Definition für jedes Nomen und schreiben Sie den Buchstaben neben das Wort.

1. die Burg _____

2. das Denkmal _____

3. die Festspiele _____

4. die Freude _____

5. der Hof _____

6. der Innenstädter _____

7. der Schinken _____

8. die Semmel _____

a. ein sehr positives Gefühl

b. jemand, der nicht auf dem Lande wohnt

c. eine Art Fleisch

d. ein altes Gebäude, normalerweise aus Stein

e. das Salzburger Brötchen

f. dort war Mozart offizieller Kammermusiker

g. eine Struktur, die aus einen besonderen Grund gebaut wird

h. eine große Veranstaltung in Salzburg, die 1920 gegründet wurde

B. STRUKTUREN

Mündliches

Hören

7 | Im Café Tomaselli (Relativpronomen)

CD 2: 21

Sie kommen ins Café Tomaselli und suchen einen Platz. Hören Sie zu und ergänzen Sie die Tabelle.

Wo?	Wer?	Was?	Relativpronomen
1. *vorne am Tisch*	*ein älterer Mann*	*trinkt Melange*	*der*
2.			
3.			
4.			
5.			
6.			

8 | Stadt oder Land? (Reflexivpronomen)

CD 2: 22

Zwei Salzburger spechen darüber, wie sie ihre Wochenenden verbringen. Hören Sie zu und ergänzen Sie die Lücken.

CHRISTIANE: Also, ich (1) _____ _____ sehr für alles,

was mit Natur zu tun hat. An der frischen Luft kann ich (2) _____

einfach am besten _____ . Wo ich dieses Wochenende genau hinfahre,

muss ich (3) _____ noch _____ , aber es

wird wohl irgendeiner der Berge im Salzburger Land sein. Ich (4) _____

_____ jedenfalls schon total drauf. Am liebsten wandere ich für ein

paar Stunden und (5) _____ _____

dann irgendwo auf einen Stein, um (6) _____ in aller Ruhe die

Landschaft _____ . Das ist für mich wirklich die schönste Erholung, die

ich (7) _____ _____ kann.

ALOIS: Ich bin ein absoluter Stadtmensch, ein ganzes Wochendende in der Natur könnte ich

(8) _____ überhaupt nicht _____ . Ich bleibe

in der Stadt, da (9) _____ ich _____ garantiert

nicht. Oft (10) _____ ich _____ mit meinem

besten Freund, dem Thomas, in einem Kaffeehaus, wo wir (11) _____

einen leckeren Kuchen _____ und (12) _____

was zu Trinken _____ . Ich (13) _____

_____ total gut mit ihm, und oft (14) _____ wir

_____ den ganzen Nachmittag über Gott und die Welt.

Sprechen

9 | In diesem Kapitel (Relativsätze)

CD 2: 23

Beantworten Sie die Fragen und benutzen Sie dabei die vorgegebenen Elemente mit einem Relativsatz.

Sie hören:	Was für einen Aufsatz haben wir gelesen?
Sie lesen:	Wir haben einen Aufsatz gelesen / den finde ich sehr interessant
Sie sagen:	Wir haben einen Aufsatz gelesen, den ich sehr interessant finde.
Sie hören:	Ja, wir haben einen Aufsatz gelesen, den ich sehr interessant finde.

1. Wir haben einen Aufsatz gelesen / den finde ich sehr interessant
2. Wir haben einen Mann kennengelernt / dessen Musik ist weltberühmt
3. Wir haben ein Problem diskutiert / das wird oft mit Tourismus verbunden
4. Wir haben über Spiele gesprochen / die spielen wir am liebsten
5. Wir haben ein Bild angeschaut / auf dem kann man einen Fiaker sehen
6. Wir haben Rezepte im Internet gefunden / die können wir zu Hause ausprobieren
7. Wir haben viele Übungen gemacht / in denen haben wir mit Relativpronomen gearbeitet

10 | Mit Freunden in Salzburg (Reflexivpronomen)

CD 2: 24

Beim Frühstück im Hotel planen Sie mit Ihren Freunden den Tag in Salzburg. Beantworten Sie die Fragen und benutzen Sie dabei die vorgegebenen Elemente.

Sie hören:	Regine fühlt sich heute so müde, was soll sie machen?
Sie lesen:	Regine / sollen / sich / hinlegen
Sie sagen:	Regine soll sich hinlegen.
Sie hören:	Ja, Regine soll sich hinlegen.

1. Regine / sollen / sich / hinlegen
2. Max und Gerte / sollen / sich / gut amüsieren
3. wir / können / sich / am Mozartdenkmal treffen
4. du / sollen / sich / nicht verspäten
5. ihr / müssen / sich / aber beeilen
6. wir / können / sich / am Abend ausruhen

Schriftliches

11 | Über das Kaffeehaus (Relativsätze)

Verbinden Sie die zwei Sätze mit einem Relativpronomen. Achten Sie auf Kasus, Genus und Wortstellung.

 Das ist das Kaffeehaus. Ich lese jeden Tag in dem Kaffeehaus. →

Das ist das Kaffeehaus, in dem ich jeden Tag lese.

1. Das ist die Frau. Ich sehe sie oft im Kaffeehaus.

    _____

2. Das ist der Kellner. Ich habe ihn durch das Fenster gesehen.

    _____

3. Das ist der Tisch. Er steht neben dem Fenster.

    _____

4. Das ist die Zeitung. Ich kaufe sie jeden Tag.

    _____

5. Das ist der Mann. Ich habe ihm meine Zeitung gegeben.

    _____

6. Das ist die Kellnerin. Ich habe ihr viel Trinkgeld gegeben.

    _____

7. Das ist das Fenster. Vor dem Fenster kann man einen Blumentopf sehen.

    _____

8. Da sind die Leute. Ich sehe sie immer am gleichen Tisch.

    _____

9. Da sind die Leute. Es ist ihnen wichtig, immer am gleichen Tisch zu sitzen.

    _____

10. Das ist der Kaffee. Seinen Geschmack mag ich besonders gern.

    _____

11. Das ist die Gasse. Ihre Kaffeehäuser sind am beliebtesten.

    _____

12 Wohnortswünsche (Relativsätze)

Bilden Sie Relativsätze.

 z.B. **Die Stadt heißt Salzburg.** →

Ich möchte in einer Stadt wohnen, *die Salzburg heißt.*

1. Die Stadt ist attraktiv für Touristen.

    Ich möchte in einer Stadt wohnen, _____ .

2. Viele Leute besuchen die Stadt.

    Ich möchte in einer Stadt wohnen, _____ .

3. In der Stadt gibt es viel zu tun.

    Ich möchte in einer Stadt wohnen, _____ .

4. Ihr Ruf (*reputation*) ist weltbekannt.

    Ich möchte in einer Stadt wohnen, _____ .

5. Das Dorf liegt in den Bergen.

    Ich möchte in einem Dorf wohnen, _____ .

6. Man kann das Dorf mit dem Zug nicht erreichen.

    Ich möchte in einem Dorf wohnen, _____ .

7. In dem Dorf gibt es nur Bauernhöfe.

    Ich möchte in einem Dorf wohnen, _____ .

8. Seine Bevölkerung ist sehr freundlich.

    Ich möchte in einem Dorf wohnen, _____ .

9. Die Touristen sind intelligent und sympathisch.

    Ich möchte Touristen in meinem Wohnort sehen, _____ .

10. Ich kann die Touristen einfach kennen lernen.

    Ich möchte Touristen in meinem Wohnort sehen, _____ .

11. Ich kann mit den Touristen sprechen.

    Ich möchte Touristen in meinem Wohnort sehen, _____ .

12. Ich verstehe ihre Kultur.

    Ich möchte Touristen in meinem Wohnort sehen, _____ .

13 In Salzburg (Reflexivpronomen)

Was wird heute in Salzburg gemacht? Ergänzen Sie die Sätze mit der passenden Form des Verbes in Klammern. Achten Sie auf die Verbkongruenz.

1. Ihr _____ _____ in einem Alpenurlaubsort _____ . (sich ausruhen)

2. Thomas und Sabine _____ _____ in einem erstklassigen Hotel. (sich erholen)

3. Die Familie Kraus _____ _____ , durch die Stadt zu kommen. (sich beeilen)

4. Du _____ _____ mit Freunden in der Innenstadt. (sich treffen)

5. Wir _____ _____ in einem Kaffeehaus. (sich unterhalten)

6. Stefan kann _____ keine Mozartkugeln _____ . (sich leisten)

7. Ihr _____ _____ _____ , dass das ganze Alpengebiet so wie

   Salzburg aussieht. (sich einbilden)

8. Du _____ _____ beim Skifahren. (sich erkälten)

C. LESEN

Mozartkugel ist nicht Mozartkugel

Der Konditor (*pastry chef*) Paul Fürst gründete 1884 in Salzburg eine Konditorei, die bis heute eine der feinsten Konditoreien Österreichs ist. 1890 erfand Paul Fürst eine Praline, die er Mozartkugel nannte. Die „Original Salzburger Mozartkugeln" von Paul Fürst bestehen heute wie damals aus einem Kern (*core*) aus Marzipan und Pistazien, der mit Nougat und dunkler Schokolade umhüllt (*covered*) wird. Sie werden noch heute im gleichen Haus von Hand produziert und in den drei Salzburger Geschäften des *Café Fürst* verkauft.

Nachdem Paul Fürst seine Mozartkugeln 1905 bei einer Ausstellung (*trade fair*) in Paris vorstellte, wurde die Salzburger Spezialität über die Grenzen Österreichs hinaus bekannt.

Bald kopierten auch andere Salzburger Konditoren die Mozartkugel. Nach dem Zweiten Weltkrieg wurden Millionen von Mozartkugeln industriell produziert. Aber die Mozartkugeln der Konditorei Fürst sind die einzigen, die sich „Original Salzburger Mozartkugeln" nennen dürfen. Man erkennt sie am silbernen Papier, auf dem mit blauer Aufschrift *Café Fürst* steht.

Alle anderen Produkte sind industriell produzierte Kopien des Originals von Paul Fürst. Diese Produkte heißen zwar Mozartkugel und sehen auch ähnlich aus, aber sie sind eben nicht das Original. Der Urenkel von Paul Fürst, der jetzt im *Café Fürst* die „Original Salzburger Mozartkugeln" herstellt, ist von der höheren Qualität seiner Praline überzeugt. Aber er weiß auch, dass Originale oft durch ihre Kopien bekannt werden.

14 | Sätze verbinden

Verbinden Sie die Satzteile, damit sich sinnvolle Sätze ergeben.

1. Das *Café Fürst* ist die Konditorei in Salzburg, _____.

2. Paul Fürst erfand 1890 eine Praline, _____.

3. In Salzburg hat das *Café Fürst* drei Geschäfte, _____.

4. 1905 ging Paul Fürst zu einer Ausstellung in Paris, _____.

5. Nach dem Zweiten Weltkrieg gab es auch Hersteller in der Süßwarenindustrie, _____.

6. Die „Original Salzburger Mozartkugeln" von Paul Fürst sind in ein silbernes Papier verpackt, _____.

a. die aus Marzipan, Pistazien, Nougat und Schokolade besteht

b. bei der er seine Pralinen präsentierte

c. in der die „Original Salzburger Mozartkugeln" hergestellt werden

d. in denen die „Original Salzburger Mozartkugeln" verkauft werden

e. die Kopien der Mozartkugel industriell produzierten

f. auf dem der Name *Café Fürst* steht

15 | Relativsätze finden

Suchen Sie die Relativsätze im Text.

z.B. Der Konditor Paul Fürst gründete 1884 in Salzburg eine Konditorei, *die bis heute eine der feinsten Konditoreien Österreichs ist.*

1. _____

   _____

2. _____

   _____

3. _____

   _____

4. _____

   _____

5. _____

   _____

D. SCHREIBEN

| 16 | Be-Schreiben |

Mit Relativsätzen kann man ein Nomen weiter beschreiben. Versuchen Sie ganz genau zu beschreiben, wo Sie jetzt sind.

Schritt 1: Schauen Sie sich um, und schreiben Sie eine Liste von Gegenständen und Personen, die Sie um sich sehen.

Schritt 2: Schreiben Sie zwei Sätze über den Gegenstand oder die Person. Denken Sie daran – der Gegenstand oder die Person muss **nicht** das Subjekt, sondern kann auch ein Objekt sein.

Was ist um mich?	Kommentar 1	Kommentar 2
der Tisch	Der Tisch steht vor mir.	Der Tisch ist unordentlich.
das Sofa	Ich sitze auf dem Sofa.	Ich habe es letztes Jahr gekauft.

Schritt 3: Jetzt bringen Sie die Kommentare zusammen in einen Relativsatz. Sie könnten auch mit der Reihenfolge der Satzteile spielen.

Der Tisch, der vor mir steht, ist unordentlich.
Der Tisch, der unordentlich ist, steht vor mir.
Ich sitze auf dem Sofa, das ich letztes Jahr gekauft habe.
Das Sofa, auf dem ich sitze, habe ich letztes Jahr gekauft.

Schritt 4: Bringen Sie ihre Sätze in einen kurzen Aufsatz zusammen. Sie sollen auch andere Sätze in den Aufsatz einbringen, die keine Relativsätze sind. Fangen Sie so an:

z.B. Ich befinde mich in einem Zimmer, in dem ich mich gut entspannen kann.

Ich finde mich _____

_____

_____

_____

_____

_____

_____

_____

_____

_____

_____

_____

_____

_____

_____

_____

_____

_____

_____

_____

Station

Wien 10

Heinle iRadio
www.thomsonedu.com/german:
• word order

A. WORTSCHATZ

Mündliches

Hören

1 | Station Wien

CD 2: 25

 Ergänzen Sie die Lücken mit den Wörtern, die Sie hören.

Wien ist die große Hauptstadt eines kleinen Landes. Fast jeder fünfte Österreicher lebt in Wien. Die Stadt ist

das politische, wirtschaftliche und kulturelle Zentrum des Landes und gleichzeitig ein

(1) _____ beliebtes Ziel für Touristen.

Wien gilt als Weltstadt der Musik, Kunst und Kultur, und ist in eine wunderschöne

(2) _____ eingebettet. Aus der Zeit der Habsburger gibt es viele Schlösser und

(3) _____ , wie die Hofburg und das Schloss Schönbrunn, sowie prächtige Opern,

Theater und Museen. Als alte (4) _____ und moderne Metropole hat Wien ein

besonderes Flair. Einer der berühmtesten Einwohner Wiens war sicher Sigmund Freud, der Erfinder der

(5) _____ , der allerdings 1938 nach London emigrierte. Viele Hotels, Restaurants und

Kaffeehäuser in Wien erinnern an die Kaiserzeit; und weil dieses goldene Zeitalter schon lange vergangen ist, spürt

man überall eine gewisse (6) _____ .

Der Wiener, so sagt man, ist in erster Linie Wiener und in zweiter Linie Österreicher, was in so einer

traditionsreichen Stadt wohl ganz normal ist.

2 | Die Promotionsfeier

CD 2: 26

 Helmut und Romana treffen sich auf dem Naschmarkt. Hören Sie zu und kreuzen Sie an, ob die Aussagen richtig (R) oder falsch (F) sind. Verbessern Sie die falschen Aussagen.

	R	F
1. Helmut sucht ein Geschenk für Romana.	❏	❏
2. Jutta feiert ihren Geburtstag.	❏	❏

	R	F

3. Jutta studiert Medizin. ☐ ☐

4. Jutta war als Au-Pair-Mädchen in London. ☐ ☐

5. Das Thema der Dissertation ist „Hypnose und Gedächtnis". ☐ ☐

6. Romana freut sich nicht auf den Abend. ☐ ☐

Sprechen

3 | Was machen diese Leute?

CD 2: 27

Sie hören acht Fragen. Benutzen Sie bei Ihren Antworten die vorgegebenen Elemente.

Sie hören: Was macht ein Demonstrant?

Sie lesen: ein Demonstrant: demonstrieren und protestieren

Sie sagen: Ein Demonstrant demonstriert und protestiert.

Sie hören: Richtig, ein Demonstrant demonstriert und protestiert.

1. ein Demonstrant: demonstrieren und protestieren
2. eine Doktorandin: promovieren
3. ein Psychoanalytiker: Träume deuten
4. eine Tänzerin: auf dem Opernball vortanzen
5. ein Maler: Landschaften malen
6. Prominente: Aufmerksamkeit erregen
7. ein Kaiser: regieren
8. ein Austauschstudent: einen Studienaufenthalt im Ausland machen

4 | Alles egal

CD 2: 28

Ihre Wiener Freundin möchte mit Ihnen weggehen, aber Ihnen ist heute alles egal. Beantworten Sie die Fragen mit den vorgegebenen Elementen.

Sie hören: Willst du lieber ins Kaffeehaus oder zum Heurigen gehen?

Sie lesen: Es ist mir egal, . . . ob / wir / ins Kaffeehaus oder zum Heurigen / gehen

Sie sagen: Es ist mir egal, ob wir ins Kaffeehaus oder zum Heurigen gehen.

Sie hören: Aha, es ist dir also egal, ob wir ins Kaffeehaus oder zum Heurigen gehen.

1. Es ist mir egal, . . . ob / wir / ins Kaffeehaus oder zum Heurigen / gehen
2. Es stört mich nicht, . . . dass / es heute / kalt sein
3. Es macht mir nichts aus, . . . wenn / Tatjana / auch / mitkommen
4. Es ist mir nicht wichtig, . . . dass / ich / vorher noch / meine Hausaufgaben / machen
5. Er ist mir gleich, . . . ob / wir / mit dem Fahrrad oder mit der Trambahn / fahren
6. Es ist mir gleichgültig, . . . was / heute / passiert

Schriftliches

5 | Bericht über den Opernball

Benutzen Sie die Wörter aus der Liste, um den Bericht zu vervollständigen.

angeblich	Aufmerksamkeit	Aufsehen erregen	Ball
Demonstranten	Demonstration	eröffnen	gespannt
Krawall	Österreicherin	prominente	protestieren
Traum	vorgetanzt		

Ich stehe vor der Staatsoper in Wien. Heute abend versammeln sich hier viele (1) _____

Leute zum berühmtesten (2) _____ der Welt. Viele haben sich beworben und haben

(3) _____ , aber nur die Besten dürfen den Ball (4) _____ . Für

viele junge Wiener ist das ein (5) _____ . Ich bin (6) _____

darauf, zu sehen, wer heute abend eingeladen wird. (7) _____ wird Richard

Lugner eine (8) _____ begleiten (*escort*). Das würde natürlich großes

(9) _____ _____ . Wie in den letzten Jahren stehen die

(10) _____ schon vor dem Saal. Sie (11) _____ gegen Luxus

und Kapitalismus und lenken die (12) _____ des Publikums auf die Schattenseite des

Vorganges (*event*). Die (13) _____ hat schon heute morgen angefangen. Wir können nur

hoffen, dass es nicht zum (14) _____ kommt.

6 | Es war einmal . . .

Benutzen Sie die Wörter aus der Liste, um die folgenden kleinen Geschichten zu vollenden.

Habsburger • Hypnose • Kaiser • Nostalgie • Palast • promovierte • Psycholanalyse • Studienaufenthalt

Es war einmal eine reiche mächtige Familie, von der alle (1) _____ abstammten. Sie

wohnten in einem (2) _____ in Wien. Die (3) _____

herrschten während eines goldenen Zeitalter von Musik, Kunst und Kultur. Es gibt in Wien immer noch eine

(4) _____ nach dieser Zeit.

Es gab einmal einen Mann, der die (5) _____ erfunden hat. Er studierte

in Wien und (6) _____ da zum Doktor der Medizin. Er zog danach nach

Frankreich für einen (7) _____ . Er kam aber zurück nach Wien, wo er mit der

(8) _____ experimentierte.

B. STRUKTUREN

Mündliches

Hören

7 Ein beliebter Treffpunkt: Der Wiener Rathausplatz (Infinitive)

Hören Sie zu und verbinden Sie die passenden Satzteile.

1. Seit der Fertigstellung des Wiener Rathauses 1883 hatte man geplant, _____.

2. Zur größten Demonstration auf dem Platz kamen 1911 etwa 100.000 Menschen, _____.

3. In den siebziger Jahren schaffte es Bürgermeister Grätz, _____.

4. Im Jahr 1990 hatte man die Idee, _____.

5. Seither kommen bis zu 500.000 Besucher jeden Sommer, _____.

6. Vielen Besuchern macht es Spaß, _____.

a. im Juli und August ein Filmfestival zu veranstalten

b. an einem der zahlreichen Stände zu essen und zu trinken

c. den Rathausplatz zum Treffpunkt für die Wienerinnen und Wiener zu machen

d. um gegen die Teuerung zu protestieren

e. um Opern- und Operettenfilme zu sehen

f. den traditionellen Weihnachtsmarkt wieder auf den Platz zu holen

8 Der Walzerkönig: Johann Strauß (Infinitive und Adverbien)

Hören Sie zu und ergänzen Sie die Lücken.

Wenn man vom Wiener Walzer spricht, kommt man nicht umhin, auch an einen der berühmtesten Söhne Wiens

(1) _____ _____ , Johann Strauß. Obwohl sein Vater, der ebenfalls

Johann hieß, geplant hatte, ihn zum Beamten ausbilden zu lassen, gelang es der Mutter, ihm ein Musikstudium

(2) _____ _____ . Schon der erste Auftritt 1844 war ein riesiger Erfolg

und (3) _____ _____ begann Strauß, auf Tourneen durch Europa

und Nordamerika (4) _____ _____ . Nach dem Tode seines Vaters

übernahm er dessen Orchester und wurde zum Hofball-Musikdirektor. (5) _____ ernannte

er seinen Bruder, Eduard Strauß, als Nachfolger, und begann, nicht mehr nur Tanzmusik, sondern auch Operetten

(6) _____ _____ . Die von ihm komponierte „Fledermaus" ist

vielleicht die bekannteste Operette aller Zeiten und wird noch heute auf vielen internationalen Bühnen aufgeführt.

Und zum berühmten Neujahrskonzert der Wiener Philharmoniker schalten jedes Jahr Millionen Menschen ihre

Radios und Fernsehapparate ein, um Walzer und Polkas der Strauß-Dynastie (7) _____

_____ .

Name _____ Datum _____

Sprechen

9 | Was die Wiener gerne machen (Infinitivkonstruktionen)

CD 2: 31 Beantworten Sie die Fragen und benutzen Sie dabei die vorgegebenen Elemente.

Sie hören: Was macht vielen Wienern Spaß?
Sie lesen: Es macht vielen Wienern Spaß / im Prater spazieren gehen.
Sie sagen: Es macht vielen Wienern Spaß, im Prater spazieren zu gehen.
Sie hören: Ja, es macht vielen Wienern Spaß, im Prater spazieren zu gehen.

1. Es macht vielen Wienern Spaß / im Prater spazieren gehen
2. Volker und Ulli freuen sich darauf / im Heurigen Wein trinken
3. Andreas hat vor / am Wochenende einen Kochkurs zu machen
4. Dorli findet es herrlich / im Volksgarten die Leute zu beobachten
5. Matthias und Rashid lieben es / auf dem Naschmarkt einkaufen
6. Ich finde es schön / stundenlang im Kaffeehaus sitzen

10 | Max und Gerte in Wien (Infinitive)

CD 2: 32 Beantworten Sie die Fragen und benutzen Sie dabei die vorgegebenen Elemente.

Sie hören: Warum sind Max und Gerte nach Wien gefahren?
Sie lesen: Max und Gerte sind nach Wien gefahren / um / die Stadt besichtigen
Sie sagen: Max und Gerte sind nach Wien gefahren, um die Stadt zu besichtigen.
Sie hören: Genau, Max und Gerte sind nach Wien gefahren, um die Stadt zu besichtigen.

1. Max und Gerte sind nach Wien gefahren / um / die Stadt besichtigen
2. Sie haben am Bahnhof ein Taxi genommen / um / in ihr Hotel fahren
3. Sie wollten in die Volksoper / um / „Die Fledermaus" von Strauß sehen
4. Sie sind im Volkstheater gewesen / anstatt / in die Volksoper gehen
5. Sie haben am Würstlstand gegessen / anstatt / ins Restaurant gehen
6. Sie ist mit der U-Bahn gefahren / ohne / eine Fahrkarte haben
7. Max hat die Straße überquert / ohne / auf die rote Ampel achten

Schriftliches

11 | Was macht Sissi? (Infinitivkonstruktionen)

Vervollständigen Sie die folgenden Sätze mit Infinitivkonstruktionen.

z.B. Es macht Sissi Spaß (um die Welt / reisen) →

Es macht Sissi Spaß, um die Welt zu reisen.

1. Sissi hat vor (ein Schloss / in Griechenland / bauen)

_____

2. Sissi versucht (modisch / sich kleiden)

_____

3. Sissi hat Lust (ihr Pferd / reiten)

_____

4. Sissi findet es schön (von ihrer Familie / losfahren)

_____

5. Sissi findet es schwer (mit ihrem Mann / leben)

_____

6. Sissi soll nicht vergessen (nach Österreich / zurückreisen)

_____

7. Sissi freut sich nicht (Kaiserin / sein)

_____

12 | Chronologie eines Ausflugs (Adverbien)

Schreiben Sie die folgenden Sätze so um, dass sie mit dem Abverb beginnen.

z.B. **Thomas wollte *anfangs* nur einen Artikel in einer Regionalzeitung lesen.** →

Anfangs wollte Thomas nur einen Artikel in einer Regionalzeitung lesen.

1. Thomas und Paul sind **zuerst** nach Salzburg gefahren.

_____

2. Sie mussten **bald darauf** nach Bad Reichenhall fahren, um die Zeitung zu finden.

_____

3. Sie sind **danach** enttäuscht nach Nathal gefahren.

_____

4. Paul hatte **später** die Idee, nach Bad Hall zu fahren.

_____

5. Sie sind **dann** nach Steyr gefahren, weil es nicht weit enfernt war.

_____

6. Sie haben **schließlich** die Zeitung in Linz gefunden.

_____

13 | Das Leben eines Psychoanalytikers (Adverbien und Imperfekt)

Schreiben Sie einen Satz mit jedem Adverb, um Freuds Leben zu beschreiben. Schreiben Sie im Imperfekt und seien Sie kreativ! Achten Sie auf die Wortstellung.

z.B. selten

Freud ging selten spazieren.

1. manchmal

   _____

2. immer

   _____

3. oft

   _____

4. ab und zu

   _____

5. nie

   _____

6. einmal

   _____

7. jeden Tag

   _____

C. LESEN

Die zwei Franz Schubert Gedenkstätten (*memorials*) in Wien

Franz Schubert wurde am 31. Januar 1797 in der Küche einer kleinen Wohnung in der Nußdorfer Straße 54 in Wien geboren. In dieser Wohnung, in der er die ersten viereinhalb Jahre seines Lebens verbrachte, hat die Stadt Wien ein Museum eingerichtet, um dort sein Leben zu dokumentieren. Es gibt Informationen über Schuberts Familie, seine Ausbildung und seine musikalische Entwicklung. Neben vielen Porträts von Franz Schubert ist vor allem seine charakteristische Brille zu sehen.

Eine zweite Gedenkstätte hat man in der Wohnung in der Kettenbrückengasse 6 eingerichtet, in der er 1828 im Alter von 32 Jahren starb. In dieser Wohnung, die damals seinem Bruder Ferdinand gehörte, lebte er nur zweieinhalb Monate bis zu seinem Tod. Dort wird vor allem über Schuberts Lebensende berichtet. Dorthin kann man gehen, um seine letzten Kompositionen, den letzten von ihm geschriebenen Brief und Dokumente über seinen Tod zu sehen.

Schuberts kurzes, aber sehr produktives Leben liegt zwischen diesen beiden Orten. Schubert soll einmal zu einem Freund gesagt haben, er sei nur auf die Welt gekommen, um zu komponieren. Er komponierte Messen, Orchesterwerke und Kammermusik, Opern, Operetten und mehr als 600 Lieder. In den beiden Wiener Gedenkstätten haben Besucher die Möglichkeit, Franz Schuberts Leben und seine Musik besser kennen zu lernen.

14 | Richtig oder falsch?

Sagen Sie, ob die folgenden Aussagen zum Text oben richtig (R) oder falsch (F) sind. Verbessern Sie die falschen Aussagen.

		R	F
1.	Die Wohnung in der Nußdorfer Straße 54 ist jetzt eine Schubert Gedenkstätte.	❑	❑
2.	Seine berühmte Brille ist in der Wiener Staatsoper zu sehen.	❑	❑
3.	Schubert ist 1828 in der Kettenbrückengasse 6 gestorben.	❑	❑
4.	Die Wohnung in der Kettenbrückengasse 6 gehörte seinem Bruder.	❑	❑
5.	Sein letzter Brief ist in der Kettenbrückengasse 6 ausgestellt.	❑	❑
6.	Weil er nur 32 Jahre alt wurde, hat er nicht viel komponieren können.	❑	❑
7.	Besucher können nur die Gedenkstätte in der Nußdorfer Straße 54 besuchen.	❑	❑

15 | Halbe Sätze

Finden Sie die passenden Satzergänzungen.

1. Die Stadt Wien renovierte die Wohnung in der Nußdorfer Straße 54, _____

     a. um sie vor dem Abriss zu retten.

     b. um eine Wohnung für arme Komponisten dort einzurichten.

     c. um dort eine Schubert-Gedenkstätte einzurichten.

2. Touristen aus der ganzen Welt besuchen die Wohnung in der Nußdorfer Straße 54, _____

     a. um dort Wiener Schnitzel zu essen.

     b. um sich über Franz Schuberts Leben zu informieren.

     c. um einen typischen Wiener Weinkeller zu sehen.

3. Um Schuberts letzten Brief zu sehen, _____

     a. muss man in die Nußdorfer Straße 54 gehen.

     b. muss man in die Kettenbrückengasse 6 gehen.

     c. muss man nach Schönbrunn fahren.

4. Um das Andenken Franz Schuberts zu bewahren, _____

     a. hat seine Familie in der Kettenbrückengasse 6 eine Klavierschule gegründet.

     b. hat die Stadt Wien zwei Gedenkstätten eingerichtet.

     c. wurde Franz Schubert in der Hofburg begraben.

D. SCHREIBEN

16   Leidenschaft

In der Lektüre im Kursbuch haben Sie über Paul Wittgenstein, den leidenschaftlichsten Opernbesucher Wiens, gelesen.

„Er riß mit seiner Begeisterung die ganze Oper mit, er konnte so laut in Bravorufe oder in Pfiffe ausbrechen wie keiner vor und keiner nach ihm."

Kennen Sie eine Person, die etwas sehr leidenschaftlich macht?

Schritt 1: Machen Sie eine Liste von Verben oder Verbphrasen, die Sie mit dieser Person und ihrer Leidenschaft assoziieren. Dann schreiben Sie ein passendes Adverb für jedes Verb.

Verb

in die Oper gehen

in Pfiffe ausbrechen

_____

_____

_____

_____

_____

_____

_____

Abverb

jeden Tag

laut

_____

_____

_____

_____

_____

_____

_____

Schritt 2: Beschreiben Sie Ihre Person weiter und ergänzen Sie die folgenden Sätze mit einem Infinitivsatz.

_____ freut sich, _____ .

_____ findet es herrlich, _____ .

_____ hofft, _____ .

_____ versucht, _____ .

_____ vergisst nie, _____ .

Schritt 3: Jetzt bringen Sie Ihre Sätze zusammen, um diese Person und ihre Leidenschaft zu beschreiben. Erklären Sie *was* die Person macht, *wie* und auch *warum* sie das macht.

_____

_____

_____

_____

_____

_____

_____

_____

_____

_____

_____

_____

_____

_____

_____

_____

_____

_____

_____

_____

_____

_____

Station

Zürich 11

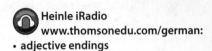

Heinle iRadio
www.thomsonedu.com/german:
• adjective endings

A. WORTSCHATZ

Mündliches

Hören

1 Station Zürich

CD 2:
33

Ergänzen Sie die Lücken mit den Wörtern, die Sie hören.

Zürich ist eines der größten Finanzzentren Europas und nach New York, London und Tokyo der viertwichtigste

Börsenplatz der Welt. Doch obwohl die Schweiz in der Mitte Europas liegt, ist das Land bis heute nicht der

Europäischen Union (1) _____ .

Durch den Zürichsee und die Limmat dreht sich in Zürich viel ums Wasser. Bei Rundfahrten entlang

der Limmat und auf dem See kann man das (2) _____ Alpenpanorama

(3) _____ .

Auch wenn die Schweiz als Alpenland in vieler Hinsicht ein besonderes Land ist, muss man den historischen

(4) _____ kennen, um die Struktur, die (5) _____ und die

Kultur dieses (6) _____ kleinen Landes verstehen zu können.

2 Schule für alle

CD 2:
34

Johann Heinrich Pestalozzi (1746–1824) ist bekannt als Schulreformer und Vater der Waisenkinder (*orphans*). Hören Sie
zu und kreuzen Sie an, ob die Aussagen richtig (R) oder falsch (F) sind. Verbessern Sie die falschen Aussagen.

		R	F
1.	Pestalozzi wollte Bildung für alle Menschen einführen.	❑	❑
2.	Er hielt an traditionellen Erziehungsmethoden fest.	❑	❑
3.	Man hält es für nicht besonders effektiv, mit Emotionen zu lernen.	❑	❑
4.	Als Lebensmotto wählte er: „Alle für einen, einer für alle".	❑	❑

	R	F
5. Viele Schulen auf der ganzen Welt sind nach Pestalozzi benannt.	❏	❏
6. In Zürich erinnern zwei Museen an den unabhängigen Pädagogen.	❏	❏

Sprechen

3 | Fragen über die Schweiz

CD 2: 35

Sie hören sechs Fragen über die Schweiz. Benutzen Sie bei Ihren Antworten die vorgegebenen Elemente.

Sie hören:	Was ist Schweizerdeutsch?
Sie lesen:	Schweizerdeutsch: ein Dialekt des Hochdeutschen
Sie sagen:	Schweizerdeutsch ist ein Dialekt des Hochdeutschen.
Sie hören:	Richtig, Schweizerdeutsch ist ein Dialekt des Hochdeutschen.

1. Schweizerdeutsch: ein Dialekt des Hochdeutschen
2. Landeswährung: der Schweizer Franken
3. Schweizer Föderation: Eidgenossenschaft
4. auf dem Zürichsee: einen Rundblick auf die Alpen
5. die besondere Aussprache: Schweizer Akzent
6. Schweizer Soldat: Wehrdienst in der Schweizer Armee

4 | Eine Woche in Zürich (Redemittel)

CD 2: 36

Beantworten Sie die Fragen und benutzen Sie dabei die vorgegebenen Elemente.

Sie hören:	Was willst du heute am liebsten machen?
Sie lesen:	vor allem / wollen / heute / das Zentrum Paul Klee besuchen
Sie sagen:	Vor allem will ich heute das Zentrum Paul Klee besuchen.
Sie hören:	Prima, du willst also vor allem heute das Zentrum Paul Klee besuchen.

1. vor allem / wollen / heute / das Zentrum Paul Klee besuchen
2. hauptsächlich / wollen / morgen / auf den Ütliberg fahren
3. auf jeden Fall / müssen / an den Quaianlagen skaten gehen
4. auf alle Fälle / wollen / die Fraumünsterkirche mit den Fenstern von Marc Chagall sehen
5. unbedingt / wollen / durch die Bahnhofstrasse bummeln
6. jedenfalls / wollen / unter keinen Umständen im Hotel bleiben

Schriftliches

5 | In der Schweiz

Ergänzen Sie jeden Satz mit einem Verb aus der Liste.

eingeführt • halten ... fest • vermeiden • wechseln • wirkt ... mit

1. Die Schweizer _____ an ihren Sprachtraditionen _____ .

2. Die Schweiz _____ nicht in der EU _____ .

3. Der Euro wurde in der Schweiz nicht _____ .

4. In der Schweiz muss man seine Euros bei der Bank _____ .

5. Manche jungen Leute wollen den Militärdienst _____ und machen stattdessen Zivildienst.

6 | Das Leben eines Schriftstellers

Ergänzen Sie jede Aussage über Max Frisch mit einem Verb aus der Liste.

abbrechen • abschaffen • beschäftigte sich • hatten … gemeinsam • verbrannte • schloss … ab

Max Frisch …

1. musste sein Studium aus finanziellen Gründen _____ .

2. _____ seine ganzen Manuskripte.

3. _____ sein Architektur Studium in 1941 _____ .

4. _____ _____ mit dem Schreiben.

5. und Friedrich Dürrenmatt _____ viel _____ .

6. wollte die Schweizer Armee vielleicht _____ .

B. STRUKTUREN

Mündliches

Hören

7 | Ein Gemälde von Klee (Adjektive)

CD 2: 37

Hören Sie gut zu und ergänzen Sie die folgende Beschreibung.

In der Mitte des (1) _____ Gemäldes schwimmt ein (2) _____

Fisch in einem (3) _____ See. Er hat ein (4) _____ ,

(5) _____ Auge und (6) _____

(7) _____ Flossen. Über dem (8) _____ Fisch schwimmt ein

(9) _____ Fischlein. Es sind auch andere (10) _____ Fische in

dem (11) _____ Wasser. Unten in der (12) _____ Ecke sehen wir

einen (13) _____ Fisch. (14) _____ Flecken schimmern durch

das (15) _____ Wasser. (16) _____ blaue Pflanzen wachsen in

der (17) _____ Dunkelheit dieses (18) _____ Bildes.

8 | Martin Suter: Romane mit einem Geheimnis (Adjektive)

CD 2: 38

Ergänzen Sie die Lücken mit den Adjektivendungen, die Sie hören.

Martin Suter ist ein (1) erfolgreich_____ Schweizer Schriftsteller, der mit seiner Frau, der (2) bekannt_____

Architektin Margrith Nay Suter, abwechselnd auf Ibiza und in Guatemala lebt. Er arbeitete unter anderem als

Creative Director einer (3) renommiert_____ Werbeagentur, bevor er sich 1991 selbständig machte und seither

als (4) frei_____ Autor arbeitet. Von 1992 bis Anfang 2004 war er für die (5) wöchentlich_____ Kolumne

„Business Class" in der *Weltwoche* verantwortlich, die heute im *Magazin des Tages-Anzeigers* erscheint. Seine

im (6) gesamt_____ (7) deutschsprachig_____ Raum (8) bekannt_____ Romane „Small World", „Die

(9) dunkl_____ Seite des Mondes" und „Ein (10) perfekt_____ Freund" verbinden eine Krimihandlung, die

eine eher (11) untergeordnet_____ Rolle spielt, mit (12) gesellschaftskritisch_____ Ansätzen. Für „Small World"

wurde Suter 1997 mit der Ehrengabe des Kantons Zürich und 1998 mit dem (13) französisch_____ Literaturpreis

Prix du premier roman étranger ausgezeichnet. In Suters Roman „Lila, Lila" versucht der (14) jung_____ ,

(15) unbeholfen_____ Kellner David, der in einem (16) modern_____ Zürcher Szenelokal arbeitet, erfolglos

bei der (17) attraktiv_____ Literaturstudentin Marie zu landen. Erst als David Marie ein (18) geklaut_____

Romanmanuskript zu lesen gibt, das er als selbst (19) verfasst_____ Werk ausgibt, gewinnt er ihre Zuneigung.

Gleichzeitig bekommt er aber einen Haufen (20) gewaltig_____ Probleme . . .

Sprechen

9 Fragen über Martin Suter (Adjektivendungen)

CD 2: 39

Beantworten Sie die Fragen und benutzen Sie dabei die vorgegebenen Elemente.

Sie hören:	Wer ist Martin Suter?
Sie lesen:	ist / ein / erfolgreich / Schweizer Schriftsteller
Sie sagen:	Er ist ein erfolgreicher Schweizer Schriftsteller
Sie hören:	Ja, Martin Suter ist ein erfolgreicher Schweizer Schriftsteller.

1. ist / ein / erfolgreich / Schweizer Schriftsteller
2. arbeitet als / frei / Autor
3. schreibt / die / wöchentlich / Kolumne „Business Class"
4. heißt / „Ein / perfekt / Freund"
5. wurde ausgezeichnet / mit dem / deutsch / Krimipreis
6. gewinnt ihre Liebe / mit einem / geklaut / Manuskript

10 Max und Gerte in der Schweiz (Adjektive mit Präpositionen)

CD 2: 40

Beantworten Sie die Fragen und benutzen Sie dabei die vorgegebenen Elemente.

Sie hören:	Wovon sind Max und Gerte überzeugt?
Sie lesen:	überzeugt von / die Schönheit der Schweiz
Sie sagen:	Sie sind überzeugt von der Schönheit der Schweiz.
Sie hören:	Ja, sie sind bestimmt überzeugt von der Schönheit der Schweiz.

1. überzeugt von / die Schönheit der Schweiz
2. ganz verrückt nach / die gute Schweizer Schokolade
3. total begeistert von / die Multikulturalität Zürichs
4. interessiert an / die moderne Schweizer Literatur
5. reich an / Naturschönheiten
6. bereit zu / eine Reise nach Zürich

Schriftliches

11 Information aus der Lektüre (attributive Adjektive)

Ergänzen Sie die Lücken mit den passenden Adjektivendungen.

1. Friedrich Dürrenmatt war einer der bekanntest_____ Schriftsteller der Schweiz.

2. Er kritisierte immer die bequem_____ Neutralität der Schweiz, vor allem während und nach dem Zweit_____ Weltkrieg.

3. Er nannte die Neutralität ein zynisch_____ Mittel der Politik.

4. Er hat alle immer wieder zu kritisch_____ Gesprächen provoziert.

5. Er war ein kritisch_____ Beobachter.

6. Er meinte, die menschlich_____ Probleme stecken immer hinter jeder Politik.

7. Er feierte mit Freunden den erst_____ August.

8. Er lebte in der fransözisch_____ Schweiz.

9. Er baute sich ein immer größer_____ Anwesen.

10. Seine früh_____ Texte waren eine Reaktion auf den Krieg.

11. Er konzentrierte sich auf das Schreiben seiner literarisch_____ Memoiren.

12. Er meinte, es gebe keine schweizerisch_____ Nation.

12 Aussagen über die Schweiz (attributive Adjektive)

Ihr Reiseleiter ist begeistert von Zürich. Schreiben Sie die passende Adjektivendungen in die Lücken. Achten Sie auf starke und schwache Adjektivendungen.

1. Unser interessant_____ Dialekt klingt anders als Hochdeutsch.

2. Man kann unseren interessant_____ Dialekt in der Schweiz hören.

3. In unserem interessant_____ Dialekt sprechen die meisten Schweizer.

4. Die Sprecher unseres interessant_____ Dialekts wohnen überall in der Schweiz.

5. Unsere interessant_____ Mundart klingt anders als Hochdeutsch.

6. Man kann unsere interessant_____ Mundart in der Schweiz hören.

7. In unserer interessant_____ Mundart sprechen die meisten Schweizer.

8. Die Sprecher unserer interessant_____ Mundart wohnen überall in der Schweiz.

9. Unser klein_____ Land heißt die Schweiz.

10. Man soll unser klein_____ Land besuchen.

11. Von unserem klein_____ Land kann man die Alpen sehen.

12. Die Kultur unseres klein_____ Landes ist interessant.

13. Unsere vielfältig_____ Sprachen sind Deutsch, Französisch, Italienisch, Rätoromanisch, Serbisch, Kroatisch und Englisch.

14. Auf unsere vielfältig_____ Sprachen sind wir stolz.

15. Wir sind begeistert von unseren vielfältig_____ Sprachen.

16. Die Sprecher unserer vielfältig_____ Sprachen wohnen überall in der Schweiz.

13 | Städtevergleich (Vergleiche)

Ein Freund / Eine Freundin von Ihnen kommt von einer herrlichen Stationen-Reise zurück und erzählt. Ergänzen Sie die Komparativ- und Superlativformen.

1. Das Verkehrssystem in Zürich war **groß,** das Verkehrssystem in München war _____ , aber das Verkehrssystem in Berlin war am _____ .

2. Das Nachtleben in Salzburg war **spannend,** das Nachtleben in Dresden war _____ , aber das Nachtleben in Hamburg war am _____ .

3. Die Geschichte Wiens fand ich **interessant,** die Geschichte Leipzigs fand ich _____ , aber die Geschichte Kölns fand ich am _____ .

4. Das Essen in München hat mir **gut** geschmeckt, aber das Essen in Leipzig hat mir _____ geschmeckt und am _____ hat mir das Essen in Wien geschmeckt.

5. Die Wolkenkratzer in Hamburg waren **hoch,** aber die Wolkenkratzer in Berlin waren _____ und am _____ waren die Wolkenkratzer in Frankfurt.

6. Das Hotel in Hamburg war **teuer,** aber das Hotel in Salzburg war _____ und das Hotel in Zürich war am _____ .

14 | Lebensmittelvergleich (Vergleiche)

Vergleichen Sie die folgenden Lebensmittel. Benutzen Sie Komparativ- und Superlativformen.

z.B.   süß: Marmelade, Schokolade, Zucker →

Marmelade ist süß, Schokolade ist süßer, Zucker ist am süßesten

1. gesund: ein Apfel, eine Banane, eine Kiwi

_____

2. koffeinhaltig: grüner Tee, Cola, Espresso

_____

3. groß: eine Erdbeere, ein Apfel, eine Melone

_____

4. klein: eine Zwiebel, eine Schalotte, eine Knoblauchzehe

_____

5. löchrig (*full of holes*): Butterkäse, Bergkäse, Schweizer Emmentaler

_____

6. gut: ??, ??, ?? (Seien Sie kreativ!)

_____

15 | Noch mehr über die Schweiz (Adjektive mit Präpositionen)

Benutzen Sie die gegebenen Wörter, um einen Satz zu schreiben. Achten Sie dabei auf den Kasus.

z.B. **Zürich / reich an / Geld →**

Zürich ist reich an Geld.

1. die Schweiz / stolz auf / ihre vielfältigen Sprachen

_____

2. andere Länder / neidisch auf / die Unabhängigkeit der Schweiz

_____

3. die Studenten / neugierig auf / das Schweizerdeutsch

_____

4. der Millionär / interessiert an / das Schweizer Bankgeheimnis

_____

5. die Amerikanerin / verrückt nach / die Schweizer Schokolade

_____

6. die Schweizer / gewöhnt an / das Schweizerhochdeutsch

_____

C. LESEN

James Joyce in Zürich

Der 1882 in Dublin geborene James Joyce studierte Philosophie und Fremdsprachen und zog schon als 20-Jähriger für ein Jahr nach Paris, um dort zu studieren. Im Jahr 1904 lernte er seine spätere Frau Nora kennen, die damals als einfaches Zimmermädchen in einem Hotel in Dublin arbeitete. Wenige Monate später reiste das junge Paar ohne Geld nach Paris. Sie lebten in Triest, Rom, Paris und Zürich, wo Joyce an seinen Romanen und Gedichten schrieb.

Joyce arbeitete als Journalist und als Sprachlehrer, verdiente aber kaum genug Geld, um seine Familie zu ernähren. Er war der exzentrische Schriftsteller, und Nora war die mütterliche, starke Frau, die die Familie zusammenhielt. Nora liebte, wie auch James Joyce, fremde Sprachen und sprach den italienischen Dialekt von Triest genauso gut wie das Zürichdeutsch. Sie waren arm, konnten oft die Miete nicht bezahlen und waren auf die finanzielle Hilfe von anderen angewiesen (*relied on*). James Joyce starb 1941 in Zürich und zehn Jahre später auch Nora.

Neben Statuen und Plaketten, die an James Joyces Leben in Zürich erinnern, ist der nach ihm benannte *James Joyce Pub* in der Pelikanstrasse wohl das interessanteste Denkmal. Die Einrichtung des Zürcher *James Joyce Pubs* kommt aus einem alten Dubliner Hotel, das Joyce in seiner Jugend kannte. Als das berühmte *Jury's Hotel* in Dublins Altstadt von einer großen Schweizer Bank gekauft wurde, transportierte man die Möbel aus der Bar von *Jury's Hotel* nach Zürich und eröffnete damit 1978 den *James Joyce Pub*. 1985 entstand mit Hilfe derselben Schweizer Bank auch die *Zurich James Joyce Foundation*.

---

16 | **Richtig oder falsch?**

Kreuzen Sie an, ob die folgenden Aussagen richtig (R) oder falsch (F) sind. Verbessern Sie die falschen Aussagen.

		R	F
1.	James Joyce wurde in Zürich geboren.	❏	❏
2.	James Joyce und seine Frau Nora lebten in Zürich und sind beide dort gestorben.	❏	❏
3.	James Joyce verdiente viel Geld als Journalist und Schriftsteller.	❏	❏
4.	James Joyce und Nora sprachen mehrere Fremdsprachen.	❏	❏
5.	Die Möbel im *James Joyce Pub* in Zürich kommen aus einem alten Dubliner Hotel.	❏	❏
6.	Der Kanton Zürich kaufte das *Jury's Hotel* in Dublin in den 70er Jahren.	❏	❏
7.	Der *James Joyce Pub* in Zürich wurde 1978 eröffnet.	❏	❏

17 | Adjektive

Ergänzen Sie den Text mit den passenden Adjektiven aus der Liste.

arm · junger · interessanteste · konservativen · moderne · starke · Schweizer

Als (1) _____ Mann studierte James Joyce Philosophie und Fremdsprachen. Zusammen

mit seiner späteren Frau Nora, zog er aus dem (2) _____ Irland zuerst nach Paris,

dann Triest, Rom, wieder Paris und Zürich. Er schrieb nicht viel, aber beeinflusste mit seinen Romanen

die (3) _____ Literatur wie kaum ein anderer Autor des 20. Jahrhunderts. Er war

(4) _____ , denn als Journalist und als Sprachlehrer verdiente er nicht viel. Er war ein

exzentrischer Mann, und Nora war eine (5) _____ Frau. Das (6) _____

Denkmal in Zürich, das an sein Leben in dieser Stadt erinnert, ist wohl der *James Joyce Pub*. Eine

(7) _____ Bank kaufte in den 70er Jahren das *Jury's Hotel* in Dublins Altstadt und transportierte

die Einrichtung nach Zürich, um damit 1978 den *James Joyce Pub* zu eröffnen.

D. SCHREIBEN

18 | Ein Mensch

Denken Sie sich eine Person aus, die Sie gut beschreiben können. Seien Sie kreativ!

Schritt 1: Denken Sie zuerst einen Namen und Titel für diese Person aus, z.B. Thomas, der reichste Mann der Welt.

Titel: _____

Schritt 2: Schreiben Sie Notizen in den folgenden Kategorien, um diese Person zu beschreiben.

1. Wie sieht diese Person aus?

   Haare: _____

   Augen: _____

   Gesicht (Nase, Mund, Ohren): _____

   Kleidung: _____

   _____

   Gegenstände (*objects*), die diese Person normalerweise hat: _____

   _____

2. Was macht diese Person?

   Beruf: _____

   Hobbys: _____

   _____

3. Wo wohnt diese Person? _____

   _____

4. Wo ist diese Person aufgewachsen? _____

   _____

5. Was macht diese Person in einem normalen Tag?

   _____

   _____

   _____

   _____

   _____

   _____

   _____

   _____

   _____

Schritt 3: Jetzt bringen Sie die ganzen Notizen in einen Aufsatz zusammen. Versuchen Sie, viele verschiedene Adjektive zu benutzen.

_____

_____

_____

_____

_____

_____

_____

_____

_____

_____

Name _____   Datum _____

_____

_____

_____

_____

_____

_____

_____

_____

_____

_____

_____

_____

_____

_____

_____

Station

Die Deutschen im Ausland 12

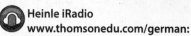

Heinle iRadio
www.thomsonedu.com/german:
• accusative case
• dative case
• genitive case
• two-way prepositions

A. WORTSCHATZ

Mündliches

Hören

1 Die Deutschen im Ausland

CD 2:
41

Ergänzen Sie die Lücken mit den Wörtern, die Sie hören.

Mehr als 80% der Deutschen fahren jedes Jahr in Urlaub. Viele fahren gerne mit dem eigenen Auto; andere fliegen

lieber in ferne Länder. Einer (1) _____ zufolge erklärten 60,1% der Deutschen den

Bade- und Sonnenurlaub zu ihrem Lieblingsurlaub. An der Spitze der (2) _____ liegt

deshalb schon seit 30 Jahren Spanien, gefolgt von Italien, der Türkei und Österreich.

Wenn man (3) _____ und bezahlten (4) _____ in

Deutschland zusammenzählt, hat man im Jahr ungefähr sechs Wochen frei. Das ist mehr als genug, um mindestens

einmal länger zu verreisen. Und so sind Reisen auch in gewisser Weise Statussymbole, denn wer die entferntesten

Orte besucht und die exotischsten Speisen probiert hat, kann andere damit (5) _____ .

Doch gibt es verschiedene Motivationen zum Reisen. Der eine möchte sich von seinem hektischen Alltag erholen,

der andere möchte etwas Interessantes erleben. Man kann reisen, um aus der engen Stadt zu

(6) _____ , oder um seinen Horizont zu erweitern.

Was machen Sie am liebsten, wenn Sie reisen?

2 Die Deutschbrasilianer

CD 2:
42

Hören Sie zu und kreuzen Sie an, ob die Aussagen richtig (R) oder falsch (F) sind. Verbessern Sie die falschen Aussagen.

		R	F
1.	Etwa 10% der Einwohner Brasiliens stammen von deutschen Vorfahren ab.	❏	❏
2.	Der Soldat Hans Staden war portugiesischer Herkunft.	❏	❏

	R	F
3. Im 19. und 20. Jahrhundert wanderten viele Deutsche aus, um vor den Problemen in Europa zu fliehen.	❏	❏
4. Herzogin Leopoldina brachte auch viele Künstler nach Brasilien.	❏	❏
5. Die Brasilianer waren den Einwanderern gegenüber sehr reserviert.	❏	❏
6. Viele Deutschbrasilianer sprechen noch heute die Sprache ihrer Vorfahren als Muttersprache.	❏	❏

Sprechen

3 | Im „Last Minute" Reisebüro

CD 2: 43

Beantworten Sie die Fragen und benutzen Sie dabei die vorgegebenen Elemente.

Sie hören:	Wann wollen Sie gerne abreisen?
Sie lesen:	abreisen wollen / nächsten Montag
Sie sagen:	Ich will am nächsten Montag abreisen.
Sie hören:	Aha, Sie wollen schon nächsten Montag abreisen.

1. abreisen wollen / nächsten Montag
2. mir egal sein / das Reiseziel
3. wollen / etwas erleben
4. wollen / in einem Hotel mit erstklassigem Ruf übernachten
5. wollen / dorthin verreisen
6. können / die Fahrkarte übermorgen abholen

4 | Reiseträume (Redemittel)

CD 2: 44

Beantworten Sie die Fragen und benutzen Sie dabei die vorgegebenen Elemente.

Sie hören:	Was haben Sie dieses Jahr in den Ferien vor?
Sie lesen:	ich habe vor / mit dem Farrad über die Alpen fahren
Sie sagen:	Ich habe vor, mit dem Fahrrad über die Alpen fahren.
Sie hören:	Klingt prima. Sie haben also vor, mit dem Fahrrad über die Alpen zu fahren. Das wird ziemlich anstrengend werden, nicht?

1. ich habe vor / mit dem Farrad über die Alpen fahren
2. ich habe mir vorgenommen / einmal mit dem Heißluftballon über Salzburg fliegen
3. ich habe mir schon seit langem gewünscht / auf Hawaii Surfen gehen
4. ich wollte schon immer mal / auf einem Kamel durch die Sahara reiten
5. ich habe mir überlegt / in einem Kayak den Atlantik überqueren
6. ich habe mir vorgenommen / alle Stationen in diesem Buch besuchen

Name _____ Datum _____

Schriftliches

5 | Eine Überraschungsreise

Dieter überrascht Sieglinde mit einem tollen Geburtstagsgeschenk – sie fahren zusammen in Urlaub! Jetzt stellt Sieglinde viele Fragen über die Geheimreise. Schreiben Sie den Buchstaben der passenden Antwort auf jede Frage.

1. Um wieviel Uhr reisen wir ab? _____

2. Hast du den Flug im Internet gebucht? _____

3. Wo übernachten wir? _____

4. Was für einen Urlaub machen wir? _____

5. In welchem Land ist unser Reiseziel? _____

6. Hast du die Fahrkarten schon? _____

a. Wir machen einen Strandurlaub.

b. Wir werden nicht in einem traditionellen Hotel übernachten.

c. Morgen um 8 Uhr fliegen wir ab.

d. Das möchte ich dir nicht sagen! Ich sage nur, wir fahren in den Süden.

e. Ja, ich habe sie schon ins Handgepäck gesteckt.

f. Ja, ich habe alles schon vor vier Wochen bei Neckermann gebucht.

6 | Die deutschen Touristen

Ergänzen Sie den Dialog mit den Wörtern aus der Liste.

abgeschnitten · aufgeschlossen · Ergebnis · fremde · Rücksicht · Ruf · Speisen · Umfrage · verreisen

KARIN: Ich hab' neulich einen guten Artikel in der *Zeit* gelesen. Er ging um den

(1) _____ der deutschen Touristen.

ULF: Interessant! Und?

KARIN: Die Deutschen haben sehr gut (2) _____ . Das

(3) _____ lautet, dass wir die beliebtesten Touristen sind!

ULF: Hmmmm, wie sind sie denn darauf gekommen?

KARIN: Die Journalisten haben eine (4) _____ unter den Online-Reisebüros gemacht

und dabei herausgefunden, dass die Deutschen höflich, (5) _____ und bereit

dazu sind, (6) _____ Sprachen zu sprechen. Wir haben angeblich auch keine

Angst davor, neue (7) _____ zu probieren. Und wir nehmen auch

(8) _____ auf Gepflogenheiten.

ULF: Ja, mit so einem Ruf sollten wir vielleicht öfter (9) _____ !

KARIN: Au ja, Schatz, du hast mir immer schon mal Hawaii versprochen . . .

B. STRUKTUREN

Mündliches

Hören

CD 2:
45

| 7 | Billy Wilder (Präpositionen) |

Ergänzen Sie diese Beschreibung mit den richtigen Präpositionen.

Billy Wilder wuchs als Sohn jüdischer Eltern (1) _____ Krakau auf. (2) _____ des Ersten Weltkriegs

zog die Familie (3) _____ Wien, um (4) _____ der russischen Armee zu fliehen. (5) _____

der Matura, dem österreichischen Abitur, wurde Wilder Reporter und arbeitete (6) _____ eine Wiener

Boulevardzeitung. Wilder zog 1926 (7) _____ Berlin, wo er (8) _____ Untermiete (9) _____

einem winzigen Zimmer wohnte, (10) _____ dem er Tag und Nacht die Toilette rauschen hörte. Hier begann

auch seine Filmkarriere: eines Nachts stand der Direktor der Maxim-Film (11) _____ ihm (12) _____

Zimmer, (13) _____ nichts (14) _____ einer Unterhose bekleidet. Er hatte (15) _____ dem

Schlafzimmer der Nachbarin fliehen müssen und konnte nun nicht mehr anders, als Wilders erstes Drehbuch zu

kaufen. Unmittelbar (16) _____ der Machtergreifung der Nazis floh Wilder (17) _____ Paris, und 1934

emigrierte er (18) _____ die USA, wo er (19) _____ Paramount Pictures als Drehbuchautor

(20) _____ Vertrag genommen wurde. (21) _____ Kriegsende kehrte Wilder (22) _____

Auftrag der amerikanischen Regierung (23) _____ Berlin zurück und drehte dort 1948 den Film „Eine

auswärtige Affäre" (24) _____ Marlene Dietrich. (25) _____ den 50er und 60er Jahren schuf Wilder

viele Filmklassiker, (26) _____ anderem den Film „Das Apartment" (27) _____ Jack Lemmon,

(28) _____ den er mehrere Oskars bekam. 2002 starb Billy Wilder (29) _____ Alter (30) _____

96 Jahren (31) _____ Los Angeles.

CD 2:
46

| 8 | Reisevorbereitungen (*Da-* und *Wo*-Komposita) |

Ergänzen Sie die Lücken mit den **da-** und **wo**-Komposita, die Sie hören.

DIETER: Sieglinde, die Koffer stehen nicht hier neben der Tür! Wo hast du sie hingestellt?

SIEGLINDE: Schau doch genau hin, du stehst ja direkt (1) _____! Ich möchte wirklich zu gerne

wissen, (2) _____ du jetzt schon wieder denkst. Vielleicht schon an das schöne

Wetter auf Mallorca?

DIETER: Ja, ist ja schon gut! (3) _____ denke ich erst, wenn wir im Taxi zum Flughafen sitzen.

Ah, jetzt sehe ich die Koffer. Aber wo ist denn dein Mini-Rucksack?

SIEGLINDE: Ich habe ihn irgendwo beim Schreibtisch hingelegt, schau mal, entweder liegt er

(4) _____ oder (5) _____ . Übrigens, Dieter, hast du dich um

das Zeitungsabonnement gekümmert?

DIETER: Oh Schreck, (6) _____ habe ich noch gar nicht gedacht. Ich rufe schnell beim Verlag

an und kümmere mich (7) _____ .

SIEGLINDE: Und was ist mit dem tropfenden Wasserhahn in der Küche?

DIETER: Ja, (8) _____ soll ich mich denn noch kümmern? Du bist doch schon fertig, vielleicht könntest du dich mal (9) _____ beschäftigen!

SIEGLINDE: Bin ich vielleicht eine Installateurin oder was? Du bist doch immer so stolz auf deine Handwerkskünste!

DIETER: Da bin ich auch zu Recht (10) _____ stolz, nur nicht eine Stunde vor Abflug nach Mallorca. Aber bevor wir uns noch weiter (11) _____ ärgern, lass' uns lieber (12) _____ nachdenken, wen wir um Hilfe bitten können.

SIEGLINDE: Das stimmt. Ich werde meiner Schwester Bescheid geben. Die kommt sowieso zum Blumengießen, dann kann sie sich auch um den Wasserhahn kümmern.

DIETER: Na gut, du, da steht schon das Taxi vor der Tür, jetzt aber nix wie los!

Sprechen

9   Fragen am Bahnhof (Präpositionen)

CD 2:
47

Beantworten Sie die Fragen und benutzen Sie dabei die vorgegebenen Elemente.

    Sie hören: Wann sind Sie mit dem InterCityExpress nach München gefahren?

    Sie lesen: vor einem Jahr

    Sie sagen: Vor einem Jahr bin ich mit dem InterCityExpress nach München gefahren.

    Sie hören: Ach ja, vor einem Jahr sind Sie mit dem InterCityExpress nach München gefahren.

1. vor einem Jahr
2. seit einer Stunde
3. auf Gleis 8
4. in einer Minute
5. bis in die tiefe Nacht
6. um 15 Uhr 56

10   Anruf bei Onkel Günther (*Wo*-Komposita)

CD 2:
48

Sie rufen Ihren Onkel an, aber er ist sehr schwer zu versehen. Benützen Sie die vorgegebenen Elemente und fragen Sie nach.

    Sie hören: Ich freue mich schon auf die Ferien.

    Sie lesen: sich auf . . . freuen

    Sie sagen: Worauf freust du dich?

    Sie hören: Auf die Ferien freue ich mich!

1. sich auf . . . freuen
2. sich für . . . interessieren
3. an . . . denken
4. sich über . . . unterhalten
5. sich mit . . . beschäftigen
6. sich über . . . freuen

Schriftliches

11 | Interview mit einem italienischen Reiseleiter (*Wo*-Komposita)

Lesen Sie die folgenden Antworten and schreiben Sie ein **wo**-Kompositum, um jede Frage zu ergänzen.

1. SIE: _____ konzentrieren Sie sich als Reiseführer?

   REISELEITER: Ich konzentriere mich darauf, dass meine Kunden sich entspannen.

2. SIE: _____ fahren die meisten Touristen in Italien?

   REISELEITER: Die meisten fahren nach Rom, Florenz oder Venedig.

3. SIE: _____ interessieren sich die meisten Touristen?

   REISELEITER: Sie haben verschiedene Interessen. Manche interessieren sich für die italienische Kultur oder die Landschaft.

4. SIE: _____ bezahlen Sie normalerweise?

   REISELEITER: Die meisten Touristen bezahlen noch mit Bargeld.

5. SIE: _____ kommen die meisten Touristen?

   REISELEITER: Sie kommen aus Deutschland, Skandinavien oder Nordamerika.

6. SIE: _____ soll man auf einer Reise in Italien rechnen?

   REISELEITER: In Italien soll man mit gutem Essen und Wein rechnen.

7. SIE: _____ gewöhnen die Touristen sich schnell?

   REISELEITER: Sie gewöhnen sich schnell an die Freundlichkeit der Italiener.

8. SIE: _____ freuen sich die Touristen am meisten?

   REISELEITER: Sie freuen sich darüber, dass die kleinen Städte genauso interessant und schön sind wie die großen Städte.

12 | Fragen nach der Reise (*Da*-Komposita)

Schreiben Sie eine Antwort auf jede Frage und benutzen Sie dabei ein **da**-Kompositum.

 Hast du mit der Verspätung gerechnet? →

Nein, ich habe nicht damit gerechnet.

1. Bist du mit der Reise zufrieden?

   _____

2. Könntest du uns etwas über den Urlaub erzählen?

   _____

3. Hast du Bilder von dem Ausflug in die Berge?

   _____

4. Erinnerst du dich noch an den Namen der Reiseleiterin?

   _____

5. Freust du dich schon auf den nächsten Urlaub?

   _____

6. Bist du gegen eine Reise nach Amerika?

   _____

7. Ärgerst du dich nicht über den verlorenen Koffer?

   _____

8. Hast du am Flughafen nach dem Koffer gefragt?

   _____

9. Denkst du noch an die schönen Stunden am Strand?

   _____

C. LESEN

Deutsche in Namibia

Wer nach Namibia kommt, ist oft erstaunt (*astonished*) über die Präsenz der deutschen Sprache und damit der Deutsch-Namibier, die hier leben. Sie sind es, die in der Hauptstadt Windhoek in der *Blumenecke* Schnittblumen anbieten oder über das Edelkaufhaus *Wecke und Voigts* Waren aller Art verkaufen. Sie laden im traditionellen Café *Schneider* zum feinen deutschen Konditorkuchen ein und setzen im *Thüringer Hof* und vielen anderen Lokalitäten kulinarische Kontraste zu dem, was ein Reisender in Afrika eigentlich erwarten würde.

Geht man vom sehr zentral gelegenen Goethe-Zentrum die Hauptstraße hinunter an der *Blumenecke* vorbei, so gelangt man bereits nach 50 Metern zum *Neuen Bücherkeller*, einer der drei großen deutschen Buchhandlungen Namibias. Wer deutsche Schreibwaren sucht, geht in die *Deutsche Buchhandlung*. Sie liegt in der Nähe der teuersten deutschen höheren Privatschule, die sich Deutschland seit 1906 leistet, mit ungefähr 1000 Schülern, einigen einheimischen (*local*) und vielen aus Deutschland kommenden Lehren.

Neben der deutschen Schule gibt es über das ganze Land verteilt deutsche staatliche und private Schulen, darunter auch die Windhoeker Waldorfschule. Dort wird von der ersten bis zur sechsten Klasse in deutscher Sprache unter-richtet. Außerdem lernen die Kinder dort Afrikaans, Nama und Ojivambo, vor allem aber Englisch. In der siebten Klasse wechselt die Unterrichtssprache ins Englische.

Das Goethe-Zentrum hat inzwischen auch mehrere Kurse für Kinder eingerichtet, denn Deutsch wird in den Familien immer weniger gesprochen. Die Namibiadeutschen oder Deutsch-Namibier sind besorgt um ihre kulturelle Identität. Das hat vor allem mit der schwindenden (*vanishing*) Präsenz des Deutschen zu tun. Wo man früher eine Mischung aus Deutsch, Afrikaans, schwarzafrikanischen Wörtern und Englisch gesprochen hat, spricht man heute meistens nur noch Englisch.

13 | Was ist richtig?

Kreuzen Sie die richtigen Satzergänzungen an.

1. In der *Blumenecke* in Windhoek _____

   a. gibt es feinen deutschen Konditorkuchen.

   b. werden von Namibia-Deutschen Schnittblumen verkauft.

   c. setzt man kulinarische Kontraste zur afrikanischen Küche.

2. Das Goethe-Zentrum _____

   a. liegt im Zentrum von Windhoek.

   b. ist eine der größten Buchhandlungen Namibias.

   c. liegt direkt neben dem *Neuen Bücherkeller.*

3. In der deutschen Buchhandlung _____

   a. werden deutsche Schreibwaren produziert.

   b. gibt es keine deutschen Schreibwaren.

   c. kann man deutsche Schreibwaren kaufen.

4. Die teuerste deutsche höhere Privatschule _____

   a. gibt es in Windhoek schon seit 1906.

   b. können sich nur 100 Schüler leisten.

   c. stellt nur deutsche Lehrer an.

5. In der Windhoeker Waldorfschule _____

   a. lernt man Deutsch, Afrikaans, Nama, Ojivambo und Englisch.

   b. wird von der ersten bis zur sechsten Klasse auf Englisch unterrichtet.

   c. lernt man Deutsch erst in der sechsten Klasse.

6. Beim Goethe-Zentrum gibt es Deutschkurse für Kinder _____

   a. weil die Präsenz des Deutschen in Namibia immer wichtiger wird.

   b. weil in den Familien immer weniger Deutsch gesprochen wird.

   c. weil die Kinder nicht Englisch sprechen wollen.

14 | Präpositionen

Setzen sie die richtigen Präpositionen ein.

aus • für • im • in (x 3) • von

Windhoek ist die Hauptstadt (1) _____ Namibia. Viele Leute sind erstaunt darüber, dass (2) _____ Namibia so viele Deutsche leben. Im Kaufhaus *Wecke und Voigts* kann man viele deutsche Produkte kaufen und (3) _____ Café *Schneider* gibt es feinen deutschen Kuchen. Das Goethe-Zentrum liegt (4) _____ der Hauptstraße von Windhoek. Die teuerste deutsche Privatschule Namibias hat 1000 Schüler und viele Lehrer kommen (5) _____ Deutschland. Im Goethe-Zentrum gibt es auch Kurse (6) _____ Kinder. Die Namibiadeutschen wollen ihre kulturelle Identität bewahren, denn (7) _____ den Familien wird immer weniger Deutsch gesprochen.

D. SCHREIBEN

15 | Meine letzte Reise

Denken Sie an Ihre letzte Reise. Beschreiben Sie diese Reise mit Hilfe von Präpositionen.

Schritt 1: Das Wesentliche

Wohin fuhren Sie? _____

Womit fuhren Sie? _____

Mit wem fuhren Sie? _____

Schritt 2: Benutzen Sie die folgenden Präpositionen, um Ihr Reiseziel zu beschreiben.

an	auf	außerhalb	bei	gegenüber
hinter	in	innerhalb	neben	über
um . . . herum	unter	von	vor	zwischen

_____

_____

_____

_____

_____

_____

_____

_____

Schritt 3: Benutzen Sie die folgenden Präpositionen, um zu erklären, was Sie da alles gemacht haben.

an	aus	bei	durch
für	in	mit	nach
um	während	zu	zwischen

_____

_____

_____

_____

_____

_____

_____

Schritt 4: Bringen Sie die ganze Information in einen Aufsatz zusammen. Versuchen Sie auch, dabei die folgenden Verben mit Präpositionen zu benutzen.

sich freuen über • sich ärgern über • sich interessieren für • rechnen mit

_____

_____

_____

_____

_____

_____

_____

_____

_____

_____

_____

_____

_____

_____

_____

Name _____   Datum _____

_____

_____

_____

_____

_____

_____

_____

_____

_____

_____